BUSINESS PRATIQUE
#25

DÉVELOPPEMENT COMMERCIAL EN PÉRIODE DE CRISE

Dr Philippe Massol
https://www.linkedin.com/in/philippemassol/

TABLE DE MATIÈRE

1

LES COMPÉTENCES COMMERCIALES À DÉVELOPPER

LES PROBLÈMES CLASSIQUES PENDANT UNE CRISE

Tout allait bien jusqu'à présent, vous aviez pris les bonnes décisions, le business tournait bien, et tout à coup, une crise inattendue survient : la crise du coronavirus va handicaper tous les secteurs d'activité, directement ou indirectement.

Vous n'y êtes pour rien, mais vous allez quand même subir des effets négatifs, quel que soit l'efficacité de la structure commerciale que vous avez mis en place.

En effet, les crises font partie des événements inattendus et impossibles à prévoir.

Vous allez vous confronter assez immédiatement avec des contraintes que vous n'aviez pas jusque-là.

En cas de crise majeure comme le coronavirus, les particuliers sont également inquiets et, confinés chez eux, consomment moins pendant des périodes de temps longues : certains d'entre eux continueront à consommer moins à la sortie du confinement. D'autres au contraire, achèteront plus pour compenser.

Aujourd'hui, vous êtes confrontés à de nombreux problèmes spécifiques d'une crise :

Le premier problème est un problème de disponibilité mentale de vos clients ou prospects. En période de crise, les décideurs les plus optimistes deviennent inquiets pour le devenir de leur entreprise, car le futur est particulièrement incertain. Par conséquent la disponibilité mentale et la capacité d'écoute vont fortement diminuer et, à moins de vendre des produits ou services qui puissent les rassurer, vous aurez du mal à attirer l'attention ou obtenir du temps de personnes préoccupées par l'avenir de leur entreprise.

Le deuxième problème est lié à l'argent : en période de crise, les entreprises anticipent l'argent qu'elles vont perdre, et leur façon d'acheter va être très différente. De plus, les acheteurs dans les entreprises auront à rendre des comptes pour leurs décisions d'achat, bien plus qu'en période prospère. Il en résulte que la sélectivité des achats va être bien plus forte.

Deux types de comportements opposés vont émerger :
-   D'une part, tous les produits « nice to have », c'est à dire des produits ou services considérés comme un petit plus ou un gadget, devraient avoir des difficultés croissantes à se vendre.
-   D'autre part, la peur et l'inquiétude aidant, tous les produits et services qui permettraient aux entreprises de gagner plus d'argent ou d'économiser de l'argent pourraient se vendre même plus facilement. En effet, il a été montré que l'interrupteur d'achat se situe dans le cerveau reptilien, et ce cerveau reptilien est déclenché soit par la peur, soit par l'envie, c'est-à-dire par des réflexes de survie. Ainsi, si vous savez présenter des produits et prestations qui vont aider les entreprises à retrouver rapidement de nouveaux clients ou qui leur permettront d'augmenter leurs marges, vous devriez pouvoir trouver des clients. À l'inverse si vous vendez des produits et prestations non indispensables aux yeux de l'entreprise, par exemple des séances de Yoga pendant les heures de bureau, vous allez devoir gérer une période très difficile.

Troisième problème pendant les périodes de crise : l'incertitude et les inquiétudes sur la survie économique poussent les entreprises à remettre à plat ses pratiques. Il en résulte que certaines entreprises vont ré arbitrer certains achats et peut-être changer de fournisseur alors qu'elles ne l'auraient pas fait dans une période hors crise. Il est donc presque inévitable de perdre des clients pendant une crise. Le développement commercial et en particulier la préparation au développement commercial va devenir un élément majeur de votre survie à la sortie de la crise.

DÉVELOPPEZ DE NOUVELLES OFFRES OU PAS SELON VOTRE CONNAISSANCE DE LA LOGIQUE PROCÉDURALE

Certaines offres sont plus difficiles, voire très difficiles, à vendre en temps de crise : il s'agit de tous les produits et services considérés comme non essentiels.

Si vous vendez essentiellement des produits ou services de ce type, la crise et l'après-crise seront particulièrement difficiles financièrement. C'est donc le moment de créer de nouvelles offres, que vous créerez pour qu'elles correspondent mieux aux attentes de vos clients en temps de crise. La difficulté est que, même si vous avez des idées, vous ne savez pas ce qui peut fonctionner ou pas, et de plus il faut aller très vite. Il existe alors deux cas de figure.

Premier cas de figure : vous n'avez jamais entendu parler de la logique procédurale (également appelée « effectuation ») : vous ne devez pas créer de nouvelles offres mais au contraire vous devez recentrer votre activité sur votre cœur de métier. Dans ce cas, l'argumentation commerciale devra insister sur la valeur ajoutée des offres pour les présenter comme indispensables quand c'est possible (par exemple en utilisant des histoires de vente bien conçues). En recentrant votre activité, vous réduisez vos dépenses et vous pouvez vous présenter comme spécialiste de votre cœur de métier face à des clients qui ne vous connaissent pas encore.

Deuxième cas de figure, ce pourra être votre cas car vous verrez dans ce livre ces techniques : vous maîtrisez les techniques procédurales de développement de la nouveauté, techniques qui permettent de travailler très vite avec des budgets très faibles et qui permettent de prendre peu de risques. Bien entendu, recentrez votre activité sur ce qui a le plus de valeur, mais, comme vous n'avez pas vraiment besoin d'argent ni besoin de moyens financier pour tester vos nouvelles idées : n'hésitez pas à créer des offres complètement nouvelles qui seront perçues comme des achats prioritaires plutôt que des gadgets, adaptés aux besoins du moment. Vous pouvez développer de nouvelles offres pour vos clients actuels ou carrément inventer de nouvelles offres pour des marchés sur lesquels vous n'êtes pas. Par exemple, pendant la crise du coronavirus, un restaurateur qui n'aurait jamais fait de livraison peut décider de tester la livraison à domicile, en passant par un intermédiaire connu, ou bien développer son propre mode de distribution en insistant sur les méthodes de production sécurisées. Dans ce cas, les compétences qui seraient acquises pourraient permettre au restaurateur de continuer après la crise, par exemple en faisant de la distribution de tracts dans les boîtes aux lettres du quartier, et cette expérience lui permettrait de vendre plus encore qu'il ne le faisait avant la crise.

TUEZ VOTRE SITE INTERNET ET TRAVAILLEZ SUR DES FUNNELS

Votre entreprise a un site internet, comme toutes les entreprises. Si cela pouvait représenter un avantage au début d'internet, votre site n'est probablement aujourd'hui ni plus ni moins une plaquette électronique, une sorte de catalogue. Or, un site internet classique n'est pas conçu pour vendre. Pire encore si vous vendez de nombreux produits ou de nombreux services : dans ce cas, votre site génère ce qu'on appelle le « paradoxe du choix », un phénomène psychologique qui a deux conséquences :
Premièrement, la paralysie devant l'achat,
et deuxièmement, l'insatisfaction quand un achat est fait, bref : tout ce que vous ne voulez pas.

Une période de crise ne vous permet plus le luxe de juste faire connaître vos produits sur votre site : votre site doit vendre.
Le site internet classique est en fait déjà mort. Le futur du site web est Funnel de vente en ligne. Il en existe plusieurs modèles en fonction de ce que votre entreprise vend. Le principe général est de capter des visites, intéresser les visiteurs de votre page par un contenu intéressant en rapport avec ce que vous vendez, capter une adresse mail, et même parfois plus : par exemple un degré d'urgence à résoudre un problème en particulier et des coordonnées, pour enfin informer, éduquer, se faire apprécier de vos clients potentiels. Tout

l'enjeu est d'automatiser toute cette démarche pour que vous ayez à vous préoccuper de vos prospects uniquement quand ils ont déjà accepté et compris la valeur que vous apportez, et qu'ils ont quasiment franchi le pas : soit d'acheter si le produit ou le service n'est pas trop cher, soit d'accepter un rendez-vous téléphonique avec un commercial, si votre produit est très cher.

Pour faire simple, un funnel de vente comprend trois étapes :

- Première étape : la création de trafic. Il s'agit d'attirer des inconnus à découvrir votre existence et les motiver à aller sur votre site interne. Vous devez ensuite faire en sorte qu'ils laissent leurs coordonnées en échange de quelque chose (un truc intéressant pour eux : un livre blanc, une réduction importante, ou n'importe quelle chose qui pourrait intéresser votre cible).

- Deuxième étape : la conversion. Durant cette étape, grâce au mail que vous avez récupéré, vous allez mettre en place un processus de communication qui va motiver ces inconnus à s'intéresser à votre activité et à le pousser à donner quelque chose : soit acheter un de vos produits, soit, pour des produits ou prestations qui coûtent cher, d'accepter un rendez-vous téléphonique. Le but final étant de faire une vente.

- Troisième étape : l'amplification. Il s'agit de mettre en place une séquence d'interaction entre le service commercial et le client pour pouvoir lui vendre d'autres prestations ou d'autres produits, cela afin d'en faire un client fidèle.

Vous trouverez de très nombreux sites internet qui expliquent ce qu'est un funnel de vente, certains divergent un peu par rapport à ce que je viens de vous présenter, mais le principe en est toujours le même. J'aimerais maintenant vous donner quelques informations qui ne sont pas forcément faciles à trouver en ligne :

- Premièrement, pour réussir à faire des sites internet qui soient des funnels de vente efficace, la compétence la plus importante est d'être capable de générer des contenus vidéo ou des contenus écrits qui intéressent ceux qui visiteront vos pages internet. Et concevoir des contenus intéressants, c'est quand même plutôt très compliqué.

- Deuxièmement, il faut que vous ayez en tête qu'un funnel est un processus dans lequel votre futur acheteur doit se retrouver guider du début à la fin sans faire d'effort. Pour que vous compreniez bien l'esprit : imaginez qu'une personne entre dans une boutique dans laquelle on vend des habits, le vendeur lui pose une ou deux questions pour savoir quel est son besoin, puis il la prend par la main, l'amène dans le bon rayon et, pendant le trajet, lui explique les avantages et les inconvénients de tels matériaux par rapport à un autre. Une fois dans le rayon, le vendeur lui explique qu'il existe 50 produits dans ce rayon, mais que, pour ce client en particulier, il n'y a que 2 produits sur les 50 qui peuvent lui convenir. Cela fera augmenter les ventes, même si c'est contre-intuitif.

- Enfin, troisièmement, n'oubliez pas que la confiance est un élément de décision d'achat important, et les funnels de vente ont aussi pour rôle de créer cette confiance en prouvant, par des contenus pertinents, que l'entreprise est digne de confiance.

Ainsi, si vous avez du temps pendant une crise telle que celle du coronavirus, renseignez-vous, formez-vous et tentez de mettre en application des funnels de vente.

2

LES AXES D'AMÉLIORATION COMMERCIALE PENDANT LA CRISE

LES FAUSSES SOLUTIONS COMMERCIALES

En période de crise majeure, telle que la crise du Coronavirus, la panique peut s'emparer de votre entreprise et des décisions d'urgence peuvent être prises. Certaines d'entre elles ne sont pas de très bonnes idées.

Première mauvaise idée : vendre à tout prix pour générer du chiffre d'affaires coûte que coûte.

Si la crise est aiguë, vos clients et vos prospects sont également en panique, et leur mettre la pression va générer de la réactance avant tout (la réactance est le phénomène qui fait dire « non » par réflexe à un client potentiel quand on lui propose quelque chose).

Mais ce n'est pas tout : comme le relationnel est très important dans la grande majorité des business, et en particulier si vous êtes dans un secteur où votre offre est peu différenciée et que vos clients l'estiment remplaçable par d'autres produits ou prestation, vous allez générer une image négative auprès des clients qui auront mal vécu le fait d'être mis sous pression payer des produits ou des services.

Deuxième mauvaise idée : mettre les commerciaux sous pression.

Les commerciaux sont ceux qui génèrent du chiffre d'affaires et font rentrer l'argent dans l'entreprise. En temps de crise, quand l'argent n'entre plus, il est tentant de faire peser sur les épaules des commerciaux la réussite ou la survie de l'entreprise avec un discours du style :

- C'est la crise, vous devez redoubler d'efforts et générer tel chiffre d'affaires

C'est contre-productif pour deux raisons : premièrement, les commerciaux savent qu'il est plus difficile de vendre, deuxièmement en leur mettant une pression forte, ils ont l'impression qu'on leur assigne une tâche impossible ! La combinaison de ces deux choses ne peut mener qu'à la démotivation. Et avoir une équipe commerciale complètement démotivée en temps de crise est à éviter car elle aura du mal à trouver de nouveaux clients.

Troisième mauvaise idée : baisser vos tarifs pour attirer de nouveaux clients.

Cela paraît tentant et logique, mais il y a plusieurs raisons pour ne pas le faire.

Première raison contre la baisse des tarifs, une baisse des tarifs diminue très fortement votre marge. Par exemple, si votre entreprise fonctionne à 30 % de marge, cela veut dire qu'elle dépense 70 € pour produire le produit et qu'elle gagne 30 € pour 100 € de chiffre d'affaires. Si vous faites une réduction de prix de 25 %, cela veut dire que vous aurez 75 € de chiffre d'affaires, mais vous avez toujours 70 € de coûts. Vous ne gagnez plus que 5 € de marge, soit 6 fois moins qu'avant. Cela veut dire que vous allez devoir vendre 6 fois plus de produits qu'avant la crise pour gagner la même chose !!! C'est absurde puisqu'il est plus difficile de vendre !

Deuxième raison contre la baisse des tarifs : en période de crise, vos clients vivent aussi une période d'incertitude et ils cherchent à fuir le risque le plus possible. Ce n'est donc pas seulement le tarif qui compte, mais également la confiance qu'on a dans votre entreprise. Si vous êtes très fiable et que vous avez une bonne relation avec vos clients, il y a des chances qu'ils vous préfèrent à une entreprise inconnue moins chère : en effet, ce n'est pas le moment de prendre des risques supplémentaires.

Prenons un exemple : vous devez acheter des masques pendant la période du coronavirus : vous savez qu'il est très difficile de trouver des masques et que le tarif est de 95 centimes par masque. Par ailleurs, vous recevez des mails vous proposant des dizaines de milliers de masques en moins d'une semaine et pour 20 centimes par masque. Il est très probable que vous ne voudrez pas prendre le risque d'un fournisseur inconnu beaucoup moins cher que le prix estimé comme le prix juste. Cela en est même douteux.

Essayez donc de ne pas baisser vos tarifs, mais focalisez votre argumentation commerciale sur le fait que travailler avec vous diminue les risques. Si vous travaillez avec un client depuis longtemps, n'hésitez pas des phrases dans ce style :
- Il est vrai que vous trouverez des masques à 70 centimes et que les nôtres sont à 80 centimes, mais nous travaillons ensemble depuis longtemps et vous savez que nous faisons tout ce que nous promettons : vous pouvez acheter un peu moins cher en prenant le risque de ne pas être livré par une société que vous ne connaissez pas bien, ou bien vous prémunir contre ce type de risque en travaillant avec nous.

Si vous voulez quand même diminuer les tarifs, faites-le en proposant des offres à tiroirs : au lieu de vendre un produit tout compris, découpez le produit en options et présentez l'offre de base. Par exemple, un ordinateur que vous vendiez 1000 € devient un ordinateur à 700 € auxquels on proposera un supplément si on veut un clavier, un supplément pour l'écran, un pour la souris, un pour la préinstallation du logiciel, etc.
Quand vous présentez votre offre, vous pouvez dire « nous avons décidé de donner la possibilité à nos clients de choisir vraiment ce qui est essentiel pour eux... » et vous faites une sorte de listing d'options, que votre client acceptera de choisir ou pas.
Bien entendu, pour faire cela, vous devez savoir combien vous coûte chacune des options. Il n'est pas question de faire cela à l'aveugle. Par exemple, vous devez savoir combien vous coûte le clavier, et vous pourrez alors déduire le prix de ce clavier, avec ou sans marge, dans le tarif de l'ordinateur si le clavier n'est pas acheté.

En conclusion, n'ayez pas le réflexe de la réduction commerciale, ayez plutôt le réflexe de maintenir vos marges et focalisez votre argumentation commerciale sur la valeur ajoutée de votre produit ou service et proposez éventuellement des services associés supplémentaires s'ils sont valorisés par les clients.

ASSOUPLISSEZ VOTRE APPROCHE COMMERCIALE

Il est probable que votre démarche commerciale est déjà bien définie et structurée. Les périodes de crise nécessitent de prendre du recul et d'adapter les méthodes commerciales au contexte. Il va donc falloir que vous assouplissiez vos procédures pour qu'elles prennent en compte le nouveau contexte.

Pour améliorer votre efficacité commerciale en période de crise, vous devez privilégier deux axes.

Premier axe d'assouplissement dans vos pratiques commerciales ; vous devez changer l'équilibre entre tâches obligatoires, mais à faible valeur ajoutée commerciale et les tâches commercialement réellement utiles. Cela veut dire que vous devez focaliser toute l'énergie des commerciaux sur ce qui rapporte de l'argent et rapporte des nouveaux contrats.

Exit les visites ou les appels téléphoniques de courtoisie aux clients, exit les journées passées à faire de l'administratif : votre équipe commerciale doit se focaliser sur la chasse commerciale et en particulier, la recherche de nouveaux clients, et si ce n'est trouver de nouveaux clients, identifier des leads, c'est à dire des cibles potentielles pour l'après-crise, cela afin que l'activité commerciale redémarre au plus vite si elle est bloquée par une crise aussi forte que celle du coronavirus.

L'erreur à éviter à tout prix pendant cette phase de recherche de nouveaux clients et de vendre par vanité. La vente par vanité consiste à vouloir absolument vendre à un client qui fait partie de ce qu'on imagine le client idéal et pour lequel vous sentez pourtant qu'il y a peu de chance. On se dit alors : si j'arrive à lui vendre mon produit, je me sentirai plus à l'aise pour tous les autres. C'est une grande perte de temps car vous pourriez prospecter plusieurs autres cibles pendant ce même temps.

Durant cette phrase, il faut que les commerciaux de votre entreprise apprennent à distinguer le plus vite possible entre un « non » définitif, et un « non » qui reflète plutôt une mauvaise compréhension de la proposition. Par exemple, si vous pensez que vous avez mal présenté votre offre car vous vous êtes embrouillé, vous pouvez revenir à la charge.

Quand il s'agit d'un « non » définitif, il est inutile d'insister, vous devez au contraire passer immédiatement à une autre cible.

Dans la façon dont vous aborderez vos clients, les périodes de crise sont propices à des arguments focalisés sur ce qui permet de faire des économies : si vous avez un produit ou un service qui permet de faire des économies, mettez désormais cet élément en avant. Si vous n'avez jamais utilisé ce type d'argument, essayez de voir si d'une façon ou d'une autre votre proposition peut faire économiser de l'argent à votre client (ou économiser du temps, car le temps c'est aussi de l'argent).

Deuxième axe d'assouplissement dans vos pratiques commerciales : la fidélisation client.

Mettez en place des campagnes de fidélisation et de rétention client. Pour cela, travaillez plus spécifiquement sur l'amélioration de la qualité de l'interaction avec les clients et n'hésitez pas à rappeler tous vos clients actuels pour savoir comment ils vivent la crise et savoir ce que vous pourriez faire pour eux. Cela peut se faire un téléphone, mais si vous avez de très nombreux clients, vous pouvez également utiliser le courriel.

Troisième axe d'assouplissement dans vos pratiques commerciales : acceptez de rendre service des services spécifiques à vos clients.

Dans les périodes normales de croissance, vous avez probablement établi un certain nombre de règles sur ce que vos commerciaux peuvent proposer ou pas. C'est généralement dicté par la volonté de générer les marges les plus élevées possible. Et pour maintenir ces marges, vous avez parfois refusé certaines choses à vos clients (par exemple une livraison plus rapide). En période de crise, soyez plus souple. Si vous êtes stressé, vos clients le sont aussi : inutile de rajouter de la tension. Par exemple, vous tenez un restaurant, et d'habitude vous refusez que quelqu'un entre avec un vélo dans vote restaurant, ce qui est tout à fait normal. Mais à la réouverture après la crise du coronavirus, une personne entre en vous demandant si elle peut entrer avec son vélo, car elle n'a pas d'antivol. Or, vous avez réduit par 3 le nombre de tables et vous n'arrivez même pas à remplir votre restaurant. Dans ces circonstances, il n'est pas inconcevable de permettre à quelqu'un d'entrer avec son vélo même si vous ne l'auriez pas accepté dans d'autres circonstances. Le principe psychologique de réciprocité fait que quand on offre quelque chose à quelqu'un (ou qu'on fait quelque chose pour lui), on a souvent quelque chose en retour. En l'occurrence, peut-être venez-vous de vous créer un futur nouveau client fidèle pour votre restaurant. À l'inverse, si vous lui aviez violemment refusé sa demande alors que cela ne semblait pas poser techniquement de problème, vous auriez peut-être perdu un futur client régulier qui vous aurait été bien utile.

En conclusion, faites preuve de souplesse sur votre façon de gérer la vente, et focalisez votre énergie sur la recherche de nouveaux clients.

INVESTISSEZ DU TEMPS EN MARKETING DES RÉSEAUX

Dans certains cas, vous savez qu'il est inutile d'essayer de vendre, car il sera même techniquement difficile d'exécuter la prestation ou livrer le produit. Par exemple, pendant le confinement du coronavirus, il est difficile de trouver de nouveaux clients à qui vendre vos piscines à cause du contexte anxiogène. Il est donc possible que votre équipe commerciale, travaillant en télétravail, ait beaucoup de temps. Que faire d'utile pendant des périodes où la vente elle-même est difficile ?
Il faut préparer l'après-crise en invertissant beaucoup de temps commercial sur les réseaux sociaux. Il y a au moins deux raisons pour cela :

Premièrement, car c'est rentable. Et c'est vrai en dehors des périodes de crise aussi d'ailleurs, mais d'habitude, aller sur les réseaux sociaux est moins le rôle des commerciaux que celui du marketing. En cas de baisse d'activité commerciale, il faut mettre à contribution les commerciaux aussi.
Pourquoi est-ce rentable ? Une bonne communication peut se définir par une formule simple : un euro dépensé doit rapporter plus d'un euro de marge. Or, les réseaux permettent beaucoup d'interaction et permettent de scanner des marchés à la recherche de futurs clients. C'est particulièrement important en période de crise, parce que vous savez que vous allez perdre des clients et avoir une baisse de votre

chiffre d'affaires. Pour préparer l'après-crise (dans le cas où il est impossible de vendre pendant la crise), il est nécessaire d'augmenter le nombre d'interactions sociales avec des futurs acheteurs possible.

Le confinement de la période coronavirus devrait inspirer les commerciaux au-delà de la période de crise : comme il n'est pas possible de vendre, il faut générer un maximum de contacts qui seront des **leads**, c'est à dire des prospects qui n'ont pas encore réalisé qu'ils avaient besoin de vos produits. Il faut profiter de cette période pour échanger avec eux, afin de leur donner envie d'acheter plus tard. C'est en créant un relationnel personnalisé pendant cette période qu'il sera possible de redémarrer plus vite.

Et c'est encore plus vrai pour les business dits en **impasse concurrentielle**, c'est à dire des business dans lesquels il est difficile d'innover et de se différencier, et dans lesquels il est en même temps difficile d'avoir un avantage compétitif durable sur les concurrents. Dans ce type de concurrence, le facteur le plus important pour la réussite est la capacité à créer un lien avec un futur acheteur.

Une fois la décision prise d'être plus présent sur les réseaux sociaux que d'habitude, je vous donnerais juste un conseil : essayez de ne pas trop rebondir sur l'actualité de la crise : l'émotionnel prenant souvent le dessus en temps de crise, abreuver vos clients potentiels avec des informations anxiogènes ou encore non vérifiées sera dommageable. Essayez de choisir un angle de communication plus neutre, en lien avec votre activité professionnelle et restez rationnels. Si vous voulez rebondir sur l'actualité de la crise, il vaut mieux que ce soit avec humour.

PROFITEZ DE LA CRISE POUR VOUS AMÉLIORER

Une crise est une période difficile pour toutes les entreprises. Toutefois, ce n'est pas le moment de déprimer, car une période de crise est aussi une période qui donne l'occasion de progresser et s'améliorer, voir même de remettre en cause certaines façons de procéder dans son entreprise, en particulier au niveau commercial.

En effet, si en période de prospérité, même des commerciaux très moyens peuvent s'en sortir, les périodes de crise et d'après crise ne le permettront pas. Ainsi, faire monter en compétence votre équipe de vente devient même indispensable : vos commerciaux devront être :

- plus réguliers dans leur effort commercial,
- plus organisé dans leur travail quotidien, cela afin d'améliorer leur efficacité
- ils devront comprendre à quel point il est important d'exécuter les relances et les promesses faites aux clients ou aux prospects.
- Enfin, en période de crise, de nombreuses entreprises sont obligées se remettre en cause : les crises sont donc une période changeante qui perturbe les routines, et les routines d'achat en font partie. C'est donc le bon moment pour essayer de rappeler tous les clients que vous n'avez pas réussi à signer dans le passé, afin de reprendre contact, comprendre leurs problèmes liés à la crise, et leur proposer de meilleures solutions que leurs fournisseurs actuels qui vous avaient pris le marché à une époque. Retenez qu'en temps de crise, le contexte anxiogène et incertain peut ouvrir des portes qui vous étaient jusque-là fermées.

Trois éléments seront particulièrement importants à analyser et éventuellement à améliorer.

1) Premièrement, dans un contexte de crise, le relationnel avec ses clients et ses cibles commerciales est plus important que jamais. Et pour créer un relationnel fort, rien ne vaut le contact direct. Pour cela, le téléphone est un moyen très puissant. Il va donc être important que vos commerciaux fassent un effort plus important pour décrocher des rendez-vous téléphoniques et sachent quoi dire pour créer du relationnel. Si vous êtes très fort dans cette compétence, utilisez-la et cherchez à obtenir un maximum de rendez-vous téléphoniques. Si vos commerciaux ne sont pas à l'aise, formez-les aux techniques de prospection téléphonique : c'est un investissement qui sera rentable à court terme.

2) Deuxièmement, dans un contexte de crise dans lequel le but est plus de créer du relationnel pour vendre, plus tard, quand ce sera possible, vos commerciaux doivent savoir raconter des choses intéressantes. Et pour rendre les choses intéressantes, les histoires de vente sont une technique qui a fait ses preuves. Ce qui est intéressant, c'est qu'il y a une « technologie » de

l'histoire : non seulement il faudra que chacun de vos commerciaux ait plusieurs anecdotes à raconter, mais il faudra suivre un déroulé très précis. Cela fait l'objet d'une partie de ce livre.

3) Troisième élément à vérifier : les KPI que vous utilisez. Les KPI, ou Key Performance Indicators en anglais, sont les éléments que vous mesurez pour savoir si l'activité commerciale est efficace. En période de crise, il est nécessaire de lister ces KPI et évaluer la pertinence qu'ils peuvent avoir en fonction du contexte. Je vais être très direct sur ce point, en période de crise, vous ne devriez en avoir qu'un seul : **le nombre de nouveaux clients auxquels vous parlez**. Et votre objectif sera de faire augmenter la valeur absolue de ce nombre aussi vite que possible. La raison en est simple : plus vous parlez à une quantité importante de clients potentiels, plus vous avez de chance de maintenir votre activité ou la redémarrer rapidement après la crise.

En conclusion, malgré la difficulté que vous rencontrez en période de crise, et ces difficultés peuvent être très importantes, choyez et motivez prioritairement votre équipe commerciale, et motivez-la, non pas forcément à vendre dans l'immédiat, mais à parler à un maximum de personnes susceptibles d'acheter votre produit ou votre service plus tard.

AMÉLIOREZ VOS COMPÉTENCES EN PROSPECTION TÉLÉPHONIQUE

Des chiffres qui donnent du courage

La prospection téléphonique est efficace et je vais vous donner des chiffres qui vont vous donner du courage. Tout d'abord, en prospection téléphonique, combien un commercial doit-il passer d'appels avant de faire une vente ? Vous allez être étonnés de la réponse, car elle est surprenante : un cabinet de conseil américain nous dit que 45 % des prospects achètent. Mais il y a deux conditions, sinon, ce serait trop beau !

Premièrement, il n'achète pas forcément chez vous : il peut très bien acheter chez un concurrent. Deuxièmement, la vente ne se fait qu'après cinq à sept appels. En effet, il semble qu'il soit nécessaire d'appeler un prospect au minimum cinq à sept fois pour réussir une vente ! Et là, vous allez comprendre comment cela peut être un avantage pour vous. Les statistiques en prospection téléphonique sont les suivantes :

- 48 % des commerciaux abandonnent au 1er appel,
- 24 % au 2e appel,
- 12 % au 3e appel,
- 8 % au 4e appel,
- 10 % au 5e appel.

Cela veut dire que cinq appels sont nécessaires pour savoir dans 81 % des cas si le prospect va finalement acheter quelque chose ou pas (et je vous rappelle qu'il n'achète pas nécessairement chez vous). Or, 48 % des commerciaux ont abandonné dès le premier appel et 88 % avant d'arriver au cinquième appel. Si vous tenez, vous vous retrouvez dans les meilleurs commerciaux, ceux qui se donnent une chance de vendre.

Pourquoi les commerciaux abandonnent aussi vite ?

Qu'est-ce qui pousse les commerciaux à abandonner dès le premier appel en prospection ? La raison principale est la peur, la peur du non, la peur d'importuner, la peur d'être trop pressant, la peur de rater, peur de dire des bêtises ou encore la peur de l'inconnu. Pour réussir à prospecter, il faut être patient et persévérant : il faut la patience d'attendre les résultats de la prospection, car ils ne vont pas arriver instantanément et, en B to B, ils peuvent mettre parfois plusieurs semaines ou plusieurs mois avant de se faire sentir. Il faut aussi beaucoup de persévérance : vous devez rappeler et relancer les prospects au minimum cinq fois, et cela peut parfois prendre plusieurs mois voire plusieurs années pour des produits ou services sophistiqués et onéreux.

Beaucoup de commerciaux s'interrogent : « on nous dit d'appeler cinq fois, mais qu'est-ce qu'on va raconter à chaque fois ? » À chaque fois que vous appelez un prospect, il faut lui rappeler la discussion précédente. En lui faisant un petit résumé, il se souviendra de vous.

Cela implique que vous ayez des fiches de prospection très précises et que vous soyez capable de savoir à quel moment il faut l'appeler et quoi lui raconter, car c'est souvent le prospect lui-même qui vous donnera les raisons de vos appels futurs. Par exemple, vous appelez en septembre et le prospect dit qu'il n'est pas intéressé par votre produit pour l'instant, mais que, à partir du mois de mars de l'année prochaine, la thématique commencera à l'intéresser. Dans un cas pareil, pendant la conversation téléphonique, demandez-lui si vous pouvez l'appeler en mars et le prospect acceptera très probablement. Ainsi, quand vous le rappellerez en mars, vous lui rappellerez que c'est lui qui vous a demandé de l'appeler.

La prospection téléphonique est difficile, car nous sommes psychologiquement conçus de telle façon qu'il nous faut trois événements positifs pour contrebalancer un élément négatif. Si ce n'est pas le cas, nous avons l'impression de subir un échec. C'est ennuyeux, parce qu'il est possible de passer une journée entière de prospection et réussir à gagner des contrats tout en ayant l'impression d'avoir passé une mauvaise journée. Et vous pourriez avoir du mal à gérer cela : certains, même, ressentent parfois une sorte de déprime. Et pourtant, la journée a pu être un succès financier.

Comment se motiver

Puisqu'il est difficile psychologiquement de se motiver à prospecter, comment s'y prendre ? Le problème majeur de la prospection est la procrastination : on reporte en permanence au lendemain cette activité. La seule solution et donc de multiplier les appels dans une période de temps courte, et en tout cas, ne pas s'éparpiller. Par exemple vous décidez de faire de la prospection téléphonique entre 9 h 30 et 12 h 15. Cette décision prise, aucune autre activité ne doit pouvoir vous interrompre. Dans une activité de prospection, il existe ce qu'on appelle le quart d'heure magique. Le quart d'heure magique est un quart d'heure durant lequel tous les appels que vous passez se passent au mieux : les prospects sont intéressés, ils veulent avoir des informations complémentaires, ils sont déjà dans un processus de décision d'achat pour des produits ou des services équivalents à ce que vous proposez. Ce quart d'heure magique durant lequel tout fonctionne nécessite de faire au moins deux heures d'appels consécutifs.

Par ailleurs, mettez-vous dans des conditions qui facilitent la prospection : vous devez avoir les mains libres pour pouvoir noter toutes les informations qu'on vous donne, et comme vous devez pouvoir prospecter plusieurs heures par jour, il est indispensable de se doter d'un matériel adéquat : j'ai nommé, le casque de télémarketing.

Les quatre règles de la prospection téléphonique

Un bon chasseur doit respecter quatre grandes règles de la prospection.

Première règle : faites bonne impression dans les dix premières secondes.

Vous n'avez que 10 à 15 secondes pour intéresser et inspirer confiance. Or, tout s'entend au téléphone. Si vous n'êtes pas de bonne humeur, cela s'entendra. Or, comme personne n'a envie de discuter avec quelqu'un qui fait la tête, la première règle de la prospection est de sourire avant d'appeler. Peu importe votre état d'humeur réel. Sourire avant d'appeler donne un ton dynamique à votre voix et vous rendra sympathique. Il ne s'agit pas de sourire pendant l'entretien, mais avant, et juste pendant quelques secondes en fait il vous suffit de sourire pendant que vous entendez le téléphone sonner chez votre interlocuteur. Alors, comment fait-on fait pour se forcer ? Faites juste un sourire très crispé avant que la personne ne décroche, cela sera suffisant pour générer un ton de voix dynamique et agréable.

Deuxième règle : vous devez montrer que vous êtes dynamique.

Et la façon la plus simple est de parler fort et en articulant bien. Parler fort en articulant permet de montrer que vous êtes dynamique, mais être dynamique ne veut pas dire que vous devez parler vite. Il faut parler fort, mais de façon nonchalante. Ce que je veux dire par nonchalance, c'est que vous devez montrer que vous n'êtes pas pressé, vous devez au contraire parler lentement, sur un ton décontracté. Ne soyez pas pressé pendant l'appel téléphonique puisque, plus la discussion sera longue avec le prospect, plus vous avez de chances de réussir à créer un lien et donc de vendre, mais par contre, pour optimiser votre temps de prospection, soyez pressé entre les appels téléphoniques.

Troisième règle : distinguez-vous du call-center.

Vos prospects sont allergiques aux appels des call-centers : en fait, tout le monde est allergique aux appels des call-centers. Le moindre indice indiquant que vous appelez depuis un call-center vous sera fatal. Quand vous vous présentez, ne vous présentez pas comme le font les employés des call-centers, mais plutôt de la façon suivante :
Bonjour ! Philippe Massol, SmartAlbinos, je cherche le responsable des Ressources humaines s'il est joignable en ce moment.
Quand vous prononcez une phrase de ce type, n'insistez pas sur le nom de votre entreprise, et n'essayez surtout pas d'expliquer ce que fait votre entreprise, au contraire faites au plus vite.

Quatrième règle : écoutez votre prospect.

J'ai constaté que la grande majorité des commerciaux qui prospectent au téléphone ne laissent pas assez parler les prospects. Ils ont tellement peur qu'on ne les écoute pas jusqu'au bout de la présentation, qu'ils ne laissent pas une seconde au prospect pour s'exprimer. Or, plus un prospect s'exprimera, plus il y a de chances qu'il vous donne des informations importantes ou des explications. N'interrompez jamais un prospect qui parle et même au contraire, laissez-lui de l'espace, en vous taisant, pour qu'il puisse compléter ses pensées. Plus le prospect parle, plus vous y gagnez, à la fois en matière d'information, mais également en matière de relationnel client.

UTILISEZ LA PSYCHOLOGIE POUR MIEUX PROSPECTER

Utiliser la persévération de la décision

Avant de commencer à appeler, il est nécessaire de maîtriser certaines techniques de psychologie sociale, car elles permettent d'améliorer l'efficacité de sa prospection de façon significative. La psychologie sociale est une science qui a pour objet l'analyse du comportement humain et les expériences qui ont été menées nous apportent des informations utiles sur les techniques qui vont améliorer votre prospection commerciale.

Commençons par le phénomène de persévération de la décision, que certains appellent aussi « gel d'engagement ». Pour bien comprendre la persévération, le mieux est de comprendre comment elle est expérimentalement mesurée. Voici une expérience qui a été menée au bord de mer. L'expérimentateur a installé sa serviette sur une plage bondée en plein été. Il s'adresse à la personne à côté de lui et, première condition de test, lui dit :

– Excusez-moi de vous déranger pourriez-vous garder mon sac pendant cinq minutes, le temps que j'aille chercher une glace et que je revienne ?

Le même test est également fait en posant une question à son voisin de plage un peu différente :

– Excusez-moi, est-ce que vous avez l'heure s'il vous plaît ?

Que se passe-t-il une fois que l'expérimentateur sera parti ? Un complice va venir voler le sac. Les expérimentateurs veulent tester si le comportement du voisin de plage sera différent en fonction de la question qui a été posée. Les résultats sont très intéressants : quand le voisin de plage accepte de garder le sac, 95 % des personnes interviennent quand un complice vient voler le sac.

Par contre, dans la deuxième condition expérimentale, quand le voisin de plage a accepté de donner l'heure, seulement 20 % des personnes interviennent.

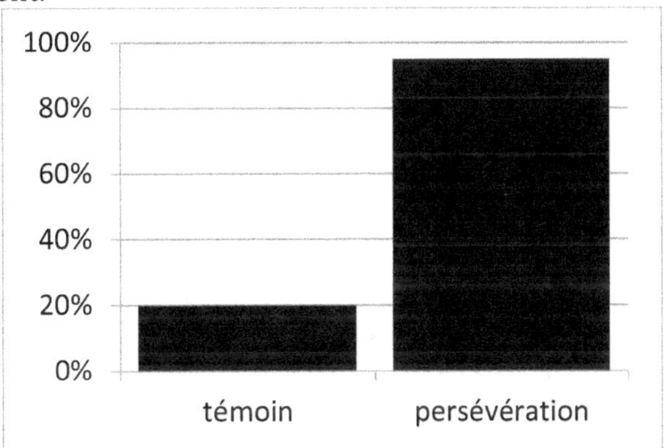

Pourquoi y a-t-il une telle différence entre les deux groupes ? Les premiers ont décidé d'accepter d'intervenir si quelqu'un vol le sac, à un moment où ils ne savaient pas qu'un complice allez venir le voler.

S'ils avaient su, au moment de décider, que quelqu'un allait voler le sac, il est probable que personne n'aurait accepté de le garder ; mais au moment où a été prise la décision de garder le sac, chacun des voisins de plage était persuadé qu'il n'y aurait pas de vol. Dans ce cas, la première décision, qui était celle de garder un sac alors qu'on pensait qu'il n'y aurait pas de vol, a une telle influence psychologique qu'elle va pousser la grande majorité à intervenir alors qu'elle ne l'aurait pas fait naturellement.

Deuxième expérience, on constitue deux groupes de personnes qui possèdent les compétences permettant de décider d'investir ou non dans une entreprise. Ce sont des personnes issues d'écoles de commerce, ou des professionnels de l'investissement. On propose un investissement au premier groupe. Au vu des informations qui sont fournies, l'investissement demandé, qui est de dix millions d'euros, semble intéressant. La totalité des participants du groupe 1 décide d'investir dix millions d'euros. À ce stade, on ne demande rien au groupe 2. On laisse passer artificiellement du temps, et on fait une mise à jour du projet : la situation a empiré pour l'entreprise, et cela à tel point qu'il faut investir cinq millions d'euros supplémentaires que la boîte ne fasse pas faillite. On va donner ces nouvelles informations au groupe 1, celui qui a pris la première décision et on va lui demander de décider si l'on investit cinq millions d'euros supplémentaires ou non. Par ailleurs, on va donner toutes les informations au groupe 2 en même temps : les informations de départ et on leur indique que le groupe 1 a déjà décidé d'investir dix millions d'euros. On leur donne immédiatement la mise à jour dans laquelle on apprend qu'il faut investir de nouveau cinq millions d'euros. On pose la même question au groupe 2 : faut-il investir cinq millions d'euros supplémentaires ou pas ? Le premier groupe va majoritairement répondre positivement : il faut investir cinq millions d'euros supplémentaires. Le deuxième groupe va majoritairement répondre par la négative : il ne faut pas investir cinq millions d'euros supplémentaires. Comment expliquer un tel écart de décision alors que les deux groupes sont homogènes et ont les mêmes compétences ? La seule différence est que le premier groupe a pris la décision d'investir les dix millions d'euros alors que le deuxième groupe prend sa première décision quand il faut savoir si l'on investit cinq millions d'euros supplémentaires. L'influence de la première décision du premier groupe est tellement forte, que la deuxième décision que le premier groupe prend est l'inverse de celle qu'aurait prise ce groupe s'il n'y avait pas eu la première décision. Pour résumer simplement, lorsque quelqu'un prend une décision, si on lui demande de prendre une décision qui va dans le même sens, cette personne va prendre de nouveau la même décision indépendamment des changements dans les conditions.

Il y a une application immédiate dans la prospection téléphonique. Imaginons que votre interlocuteur décroche et que vous commenciez comme cela :
Bonjour, Philippe Massol, SmartAlbinos, je vous appelle pour vous proposer un nouveau type de formation à la prospection téléphonique qui a comme particularité de s'appuyer sur la science... et blablabla et blablabla...
Pendant que vous parlez, votre prospect ne pense qu'à une seule chose : comment je vais me débarrasser de ce commercial ! Le prospect ne vous écoute pas !
Quand quelqu'un décroche, vous voulez lui prendre de son temps. Or, vos prospects n'aiment pas être dérangés et leur temps étant précieux, ils vont chercher un moyen de se débarrasser de vous. Il faut donc leur faire prendre la décision d'accepter de perdre du temps avec vous avant même de commencer à parler. C'est pourquoi, en prospection téléphonique, il faut toujours commencer par la phrase :
— *Bonjour, Philippe Massol, j'espère que je ne vous dérange pas ?*
Premier cas de figure, la personne vous répond :
— *Non, c'est bon, je vous écoute.*
Elle a pris la décision de vous écouter. Vous êtes maintenant plutôt tranquille puisque vous savez que l'effet de persévération de la décision fait que cette personne ne vous dira pas dans quelques secondes qu'elle est pressée. Vous pouvez parler calmement, vous ne serez pas interrompu. Deuxième cas de figure, votre prospect vous répond :
— *Ce n'est pas le moment, je dois partir en réunion.*
Le prospect ne sait pas encore pourquoi vous l'appelez, et s'il vous dit qu'il n'a pas le temps, c'est vraiment que le prospect n'a pas de temps. Répondez alors de cette façon :
— *Est-ce que je peux vous rappeler à un autre moment ?*
L'objectif de cette question est de faire décider au prospect s'il veut vous écouter ou pas dans le futur. En général, la réponse est positive. En effet, le prospect n'hésite pas à répondre par l'affirmative parce que

tout cela reste très virtuel pour lui à ce moment-là de la discussion. Continuez et essayez alors de fixer un jour et un créneau horaire :

– Est-ce qu'il y a un moment particulier plus pratique pour vous ?

ou encore :

– À quel moment puis-je vous rappeler ?

Si vous n'aviez pas demandé si vous pouvez rappeler à un autre moment, mais que vous aviez directement dit :

– À quel moment je peux vous rappeler ?

Le prospect aurait pu vous dire *« ce n'est pas la bonne période pour m'appeler, j'ai un planning trop chargé »*. En lui demandant d'abord si vous pouvez le rappeler plus tard, il a déjà accepté un appel et vous augmentez fortement les chances que votre prospect vous donne un créneau horaire pour le rappeler. Dernière chose, évitez :

– Bonjour, Philippe Massol, est-ce que vous avez une minute à m'accorder ?

Pourquoi, parce que s'il accepte de vous écouter, il ne le fera que pendant une minute chrono, et s'il ne croit pas que cela ne durera qu'une seule minute, il n'acceptera pas la discussion. En conclusion, commencez toujours par : *« J'espère que je ne vous dérange pas »*.

COMMENT DÉMARRER UN DIALOGUE EN PROSPECTION AU TÉLÉPHONE

Comment se présenter ?

Comment se présenter à la secrétaire ou au standard ? Restez classique, mais soyez bref.

Quand vous ne connaissez pas l'interlocuteur, choisissez cette approche :

« Bonjour, Philippe Massol, je cherche la personne en charge des formations si elle est joignable en ce moment »

Parfois, le standard vous demande de nommer votre entreprise, parfois non. Si c'est le cas, donnez le nom de votre entreprise, sans plus. Si vous connaissez le prénom et le nom de la personne que vous cherchez, préférez l'approche suivante :

« Bonjour, Philippe Massol, je cherche François Dupont s'il est joignable en ce moment ».

Plusieurs réactions sont possibles. Première possibilité, on vous dit :

– Désolé, cette personne ne prend jamais d'appel téléphonique et ne lit pas les mails, il faut envoyer votre demande par courrier papier, je vous donne l'adresse ?

Qu'est-ce que c'est que cette histoire ? Ils veulent vraiment du papier ? Non, en fait, il faut traduire la phrase par « on préfère mourir plutôt que vous parler, voici une adresse postale pour bien vous faire perdre du temps, de l'énergie et l'argent pour un courrier qu'on ne lira jamais ». Bref, à moins que ce prospect soit ultra-important pour vous, rayez-le de la liste de vos prospects

Deuxième possibilité, on vous dit :

– Il faut d'abord envoyer un mail avant de l'appeler.

C'est une invitation à vous faire connaître. Notez l'adresse mail de votre prospect. Si on vous donne une adresse mail générique dans le style <u>rh@entreprise.com</u>, faites du forcing pour savoir qui est l'interlocuteur censé lire sous prétexte que vous aimeriez avoir son nom pour pouvoir le joindre directement la prochaine fois. Vous pouvez tenter la séquence suivante :

– Il faut envoyer un mail d'abord. Voilà, l'adresse est : rh@lachemoilagrappe.com

– À quelle personne faut-il que j'adresse le mail ?

– Je ne vous donne pas son nom, mais elle le recevra.

– Mais alors, à qui je dois adresser le mail ?

– À personne en particulier, il le recevra

– J'avoue que je ne suis pas à l'aise d'envoyer un mail sans l'adresser à quelqu'un en particulier, cela me semble très mal poli !

– ne vous inquiétez pas il a l'habitude

– Qui ça « il » ?

– Le responsable.

– Vous ne voulez vraiment pas me dire son nom, c'est cela ?

– Non

Clairement, cette entreprise n'a pas envie d'avoir des contacts avec l'extérieur. À moins que ce ne soit un prospect important pour vous, mettez le prospect en fin de liste. Si par contre, le mail qui vous est communiqué est sous le format prenom.nom@entreprise.com, c'est-à-dire que l'adresse contient le prénom et le nom de la personne que

vous cherchez, c'est vraiment l'idéal : le mail arrivera jusqu'à votre prospect et vous saurez qui demander la prochaine fois. Une semaine plus tard, vous rappelez sous prétexte de savoir si votre prospect a reçu votre mail. Votre premier appel était :
– Bonjour, Philippe Massol, je cherche la personne en charge des formations si elle est joignable en ce moment.
Une semaine plus tard, vous direz :
– *Bonjour, Philippe Massol, je cherche François Dupont s'il est joignable en ce moment.*
– *Il vous connaît ?*
– *Normalement oui.*
Effectivement ! Il est censé vous connaître puisqu'il est censé avoir lu votre mail. De cette façon, vous augmentez vos chances de joindre votre prospect.

Technique du « êtes-vous concerné par ? »

Le standard vous a passé votre prospect. Comment devez-vous vous présenter ? La première phrase est une question, toujours la même, qui a déjà été évoquée dans la partie sur la persévération de la décision :
– Bonjour, Philippe Massol, j'espère que je ne vous dérange pas ?
Après cette question, il est indispensable de laisser du temps à votre interlocuteur, parfois quelques secondes, pour qu'il ait le temps de réfléchir si oui ou non vous le dérangez. Que dire ensuite ? Se lancer dans une description des choses que vous voulez lui vendre ? Surtout pas, car parler de son produit, c'est déjà essayer de le vendre et vous risquez un phénomène de réactance de la part de votre prospect. La réactance est la tendance de chaque prospect à dire systématiquement non à tout ce qu'on lui propose, peu importe que ce soit intéressant pour lui ou non, juste parce qu'il sent la pression d'un vendeur. Il faut donc d'abord savoir si ce que vous vendez peut intéresser votre prospect. Pour cela, la technique de **« êtes-vous concernés par... »** est une bonne approche facile à mettre en place. Si vous vendez quelque chose qui a un rapport avec le comportement alimentaire, demandez :
– Dans votre entreprise, est-ce que vous vous sentez concernés par le comportement alimentaire ?
Si vous vendez des choses en rapport avec la sécurité routière, demandez :

– Est-ce que vous vous sentez concernés par la sécurité routière de vos routiers ?

Si vous vendez des cartouches d'imprimantes, demandez :

– Est-ce que vous imprimez beaucoup de papier dans votre entreprise ?

Comme vous venez de le remarquer, il n'y a pas de « Êtes-vous concerné par… » dans cette dernière question. En effet, vous n'êtes pas obligé de prononcer toujours ce début de phrase en particulier quand le thème s'y prête mal. En effet, la question aurait été : « *Est-ce que vous vous sentez concernés par les problèmes liés à des impressions papier de documents* ? », ce qui est une question bizarre.

La logique est que la première question vous permette de savoir le plus vite possible si votre prospect peut se sentir concerné par un problème que vous pouvez résoudre, mais sans encore parler de ce que vous vendez. Vous serez peut-être étonné du nombre de prospects qui vous affirment ne pas se sentir concernés par une thématique alors qu'ils le devraient : quand cela arrive, il est difficile de vendre quelque chose. Cela ne veut pas dire que c'est impossible, mais il vaut mieux focaliser vos efforts sur ceux qui se disent concernés par la thématique que vous traitez. Une fois que vous aurez identifié les personnes qui se sentent concernées, il vous faudra arrêter de poser des questions et passer à l'étape suivante : faire une présentation accrocheuse de votre produit ou de votre service. En effet, contrairement à des interactions en face à face, vos interlocuteurs sont très peu patients pour vos produits. Cette présentation accrocheuse s'appelle l'Elevator Pitch.

L'astuce qui facilite les appels téléphoniques et rend le prospect réceptif

Comment entamer un appel téléphonique quand on a déjà appelé dans le passé ? Par quoi commencer ? Utilisez toujours l'astuce qui vous simplifiera la vie au téléphone (en gras) :

– Bonjour, Philippe Massol, j'espère que je ne vous dérange pas ?

– Non

– J'espère que vous vous souvenez de moi ? Je suis Philippe Massol.

Si la personne se souvient de vous, cela simplifie les choses, car elle sait pourquoi vous appelez. Si elle ne se souvient pas de vous, elle hésitera et vous demandera de lui rafraîchir la mémoire, un peu comme si elle était prise en faute. La meilleure façon de se rappeler à sa mémoire est de lui résumer ce que vous avez raconté la dernière fois. En général, la personne se souvient alors très bien de vous. C'est une étape importante, car il faut que votre prospect ait l'impression de vous connaître.

Que faire quand on vous dit définitivement « non » ?

Parfois, on a bien compris qu'on n'arrivera pas à vendre. Que faire quand il a définitivement été dit non alors que vous pensez que votre produit ou service aurait pu être utile ? Vous devez comprendre pourquoi le prospect dit non, car cela vous permettra de vous améliorer dans le futur. Une bonne astuce et de s'accuser d'être un mauvais vendeur. Vous pouvez dire :

– Bon je vois que je ne suis pas un bon vendeur parce que je pense mon produit est intéressant et je n'ai pas réussi à vous convaincre. Qu'est-ce que j'aurais dû vous dire pour vous convaincre ? Parce que j'aimerais appeler d'autres entreprises comme la vôtre, qu'est ce qu'il faut que je leur dise pour les convaincre ?

Cette approche nécessite beaucoup d'humilité de votre part : vous devez accepter que vous ne maîtrisiez pas tout. Si certains prospects vous repoussent d'une façon désagréable en vous disant que ce n'est pas à eux de vous expliquer votre travail, la plupart vous donnent des conseils, ou du moins vous expliquent les raisons de leur refus. Les informations qu'ils vous apporteront vous seront utiles pour modifier votre discours.

Quand rappeler un prospect et pour quel motif ?

Nous l'avons vu, il faut sans cesse rappeler les prospects pour réussir à vendre. Quand doit se faire le deuxième appel ? Il doit avoir lieu 7 à 10 jours après le tout premier contact que vous avez eu le prospect au téléphone. En effet, vous voulez que le prospect se souvienne bien de vous dans le futur et l'objectif du deuxième appel est uniquement de rappeler votre existence au prospect. Sur quel motif appeler ? C'est très simple et très logique : dites :

– *Allo, Monsieur Dupont ? J'espère que je ne vous dérange pas ?*

– *Non*

– Je voulais juste m'assurer que vous avez bien reçu mon mail et les pièces attachées parce que mes mails ne passent parfois pas très bien.
– Oui, je l'ai reçu.
– Peut-être avez-vous eu le temps de jeter un œil ?
S'il vous répond « oui », dites :
– Qu'en pensez-vous ?
S'il vous dit qu'il n'a pas eu le temps, dites :
– À quel moment vous me conseillez de vous rappeler ?
Et dans la très grande majorité des cas, le prospect vous dira quand le rappeler. Par exemple, s'il vous dit : « *Nous avons une réunion dans 15 jours, rappelez-le dans 20 jours* » votre raison d'appel est toute trouvée : vous appelez 20 jours plus tard pour savoir ce que ses collègues ont pensé de votre offre.
S'il vous dit : « *Rappelez dans six mois, mi-novembre, car nous allons discuter de ce type d'achat,* rappelez début novembre : soit dix jours avant la date de réunion dans l'entreprise. Peu importe qu'on vous dise à chaque fois que vous appelez trop tôt : votre objectif est que le prospect se souvient de vous AVANT les échéances et les décisions importantes.

Est-il obligatoire de créer un fichier de prospection ?

Certains commerciaux pensent qu'ils peuvent se passer d'un fichier de prospection : c'est une douce utopie. La première étape indispensable de la prospection téléphonique est la création d'un fichier de prospection. Sans ce fichier, rien n'est possible. Pour créer ce fichier, de nombreuses sources d'information sont disponibles : certaines dans votre entreprise, dans des listings de prospection qui ont déjà été créés, mais que personne n'a encore exploités, certaines sont gratuites et sont accessibles sur Internet. Par exemple, vous pourrez trouver des moteurs de recherche d'entreprise dans les annuaires des chambres de commerce. Souvent, ces moteurs de recherche permettent de trier les entreprises en fonction du nombre d'employés, du chiffre d'affaires, de la localisation, de l'activité de l'entreprise ou encore d'autres informations utiles qui vous permettront de cibler les entreprises susceptibles d'acheter vos produits ou vos services.

Qu'écrire dans une fiche de prospection pour être efficace ?

Quand vous trouvez des informations sur une entreprise, comment créer une fiche de prospection ? Si vous utilisez un logiciel, ne perdez pas de temps à remplir des champs tels que le nom, le téléphone tant que vous ne savez pas si le contact est vraiment intéressant. Évitez comme la peste les logiciels qui vous obligent à passer beaucoup de temps à remplir des champs obligatoires. En effet, vous pourriez tomber dans le piège suivant : j'ai rencontré des commerciaux qui faisait de la prospection téléphonique et que l'entreprise avait obligés d'utiliser un logiciel comprenant de très nombreux de champs obligatoires, certains parfaitement futiles ou inappropriés. Les commerciaux m'expliquaient que lors d'un appel téléphonique, s'ils tombaient sur le standard et que l'interlocuteur à qui ils voulaient parler n'était pas joignable, après avoir raccroché, ils devaient remplir leur fiche contact et que, vu comment le logiciel était conçu, ils perdaient deux à trois minutes à compléter la fiche. Pour une conversation de cinq ou dix secondes, passer deux à trois minutes pour remplir une fiche, c'est non seulement absurde, mais carrément insupportable pour un commercial.

SE PRÉSENTER : L'ELEVATOR PITCH

Vous avez environ 15 à 20 secondes pour raconter une histoire qui accroche le prospect : c'est l'elevator pitch. Si votre elevator pitch est très intéressant, il peut durer parfois jusqu'à une minute.

Comment le construire ?

Imaginez : vous êtes dans un hôtel lors d'un déplacement professionnel. Vous attendez l'ascenseur au rez-de-chaussée pour vous rendre dans votre chambre qui est au cinquième étage. La porte s'ouvre et vous vous retrouvez nez à nez avec votre prospect. Il ne vous connaît pas et ne vous encore jamais parlé. Vous voyez qu'il a appuyé sur le bouton du deuxième étage. Vous avez deux étages pour raconter à votre prospect tout ce que vous voulez. Mais une fois arrivé au deuxième étage, la porte de l'ascenseur s'ouvre et le prospect sortira de l'ascenseur. Vous avez donc deux étages d'ascenseur, mais en deux étages, on n'a pas forcément le temps de résumer tout ce qu'on veut dire. Votre objectif n'est donc pas de résumer ce que vous voulez lui vendre, mais votre objectif est de lui raconter quelque chose de suffisamment intéressant, pour que la personne ait envie d'elle-même de vous demander de venir sur le palier avec elle pour en savoir plus. Réfléchissez donc à ce qu'il y a d'intéressant dans ce que vous vendez et focalisez votre discours sur cela. Une fois l'elevator pitch préparé, vous devez l'apprendre par cœur.

Dans le principe, l'elevator pitch doit suivre la structure d'une histoire de vente : :

1) exposé de la situation
2) présentation du problème du client
3) présentation des conséquences négatives à ne pas résoudre le problème
4) explication du gain à retirer si l'on résout le problème
5) présentation de son produit ou de son service

Le problème de cette étape de préparation de l'elevator pitch, c'est que chacun a tendance à écrire un texte comme s'il était écrit pour soi même. C'est pourquoi, la première version de l'elevator pitch n'est pas utilisable en l'état : une fois que vous avez écrit une première version de votre elevator pitch, vient une deuxième étape de travail, celle de la formulation.

Imaginez : vous avez intéressé votre prospect qui vous a demandé de vous arrêter avec lui sur le palier du deuxième étage de l'hôtel pour en savoir plus sur votre histoire. Vous avez pu développer et présenter votre produit ou service et, maintenant, l'entretien est terminé. Vous décidez d'aller fêter votre réussite au bar de l'hôtel. Vous appelez l'ascenseur, la porte s'ouvre et vous vous retrouvez face à face avec le stagiaire de votre entreprise, tout jeune, il n'a que 18 ans, et lui aussi descend au rez-de-chaussée. Il est en stage d'observation. Il est intelligent et peut tout comprendre à condition de ne pas l'embrouiller avec du jargon. En vous voyant entrer dans l'ascenseur, il vous demande :

– Tiens, vous avez rencontré le prospect : qu'est-ce que vous lui avez dit ?

Cela ne vous gêne pas de lui raconter la même chose que durant la montée de l'ascenseur avec le prospect, me ce que vous ne voulez pas, c'est que le stagiaire vous suive au bar quand la porte de l'ascenseur s'ouvre, parce qu'il n'aurait pas compris quelque chose. Il va falloir être suffisamment clair pour qu'un stagiaire inexpérimenté comprenne du premier coup et pour qu'il n'ait plus de questions à poser.

SAVOIR QUOI RACONTER À SES PROSPECTS POUR CRÉER DU LIEN

Vos clients sont submergés d'informations et il devient de plus en plus difficile de se faire entendre quand le bruit de fond est aussi important. Comment retenir leur attention ? Comment graver votre message dans leur mémoire ? Comment communiquer pour sortir du lot ? Savoir raconter des histoires intéressantes va beaucoup vous aider.

Pourquoi raconter des histoires durant une vente ?

Raconter une histoire n'est pas un acte gratuit. Celui qui raconte une histoire le fait dans un but précis, généralement pour convaincre ou influencer, et cela pour son propre intérêt, ou pour servir des intérêts plus collectifs. Raconter une histoire, c'est d'abord utiliser des techniques narratives qui permettent de renforcer un discours. Raconter des histoires n'a pas pour seul objectif de distraire, les histoires permettent surtout de convaincre : elles sont utilisées par des industriels, par des sociétés de service tout comme par les politiques. Raconter une histoire permet de rendre vos textes intéressants, parfois, passionnants. Cela donne envie à vos interlocuteurs d'en savoir plus et de connaître la fin, car les histoires, partiellement ou complètement inventées, basées sur des informations fausses ou parcellaires, et parfois illustrées par des photos, arrivent à convaincre, car elles s'adressent aux émotions. Elles donnent l'impression de vivre une aventure, et cela d'autant plus qu'une histoire déclenche des émotions. Or les émotions sont un moyen bien plus fort que les arguments rationnels pour motiver, engager et convaincre. C'est pour cela que, même un adulte préfère généralement revoir le film qui l'a ému dans le passé, par exemple « Bambi », plutôt que regarder un reportage sur, par exemple : « interférences algorithmiques entre logiciels de trading haute fréquence », à moins que ce soit présenté sous la forme d'une histoire passionnante. Les histoires sont utilisées dans de nombreux domaines et, en politique, on parle de Storytelling. Selon le Dr Christian Salmon, chercheur au CNRS, ce phénomène a commencé aux États-Unis avec l'arrivée au pouvoir de Ronald Reagan, puis s'est amplifié et diffusé vers l'Europe. Plutôt que de débattre des idées et d'apporter des arguments, les politiques se placent sur le plan de l'argumentation émotionnelle et s'affrontent via des histoires personnelles ou rapportées. La petite phrase politique peut être percutante, mais une histoire complète, même courte, qui émeut ou fâche peut avoir beaucoup plus d'impact que n'importe quel discours rationnel qui nécessiterait plus de temps et demanderait plus d'effort de la part du public.

En ce qui nous concerne, nous nous intéresserons au rôle que peut tenir une histoire comme outil du marketing pour convaincre un client. Dans la vente, raconter une histoire, c'est l'art de raconter une histoire pour faire passer un message commercial. Certes, une part du discours devra être rationnel et s'adresser à l'intellect de l'acheteur, mais comme les clients sont de moins en moins réceptifs aux actions commerciales classiques, il faudra ajouter la composante émotionnelle que seule une bonne histoire peut transmettre.

En effet, pour générer des prospects, votre marketing et vos stratégies commerciales doivent s'articuler autour d'une histoire passionnante qui permette à votre acheteur de s'identifier à votre entreprise. Cette histoire doit lui donner envie d'acheter vos produits pour des raisons rationnelles, mais aussi parce qu'il ressent inconsciemment, à travers ses émotions, qu'il le doit. En fait, les clients veulent que vous les fassiez rêver, ils veulent ressentir des émotions, éprouver un sentiment d'appartenance et pouvoir s'identifier à la marque ou au produit. Raconter une histoire est une réponse logique à ces nouvelles exigences. L'objectif d'une histoire est de rendre l'argumentation commerciale plus intéressante, plus marquante et plus facile à retenir. Quand l'histoire est captivante, elle peut déclencher des réactions physiques, faire monter les larmes aux yeux et même faire monter le rythme cardiaque. Mais pour obtenir cela, il faudra un gros travail de préparation et de rédaction. On n'est jamais sûr de tenir une bonne histoire, mais il faut au moins connaître les ingrédients minimaux à y incorporer. Bien entendu, les grandes entreprises, en particulier en BtoC, investissent massivement dans la communication pour raconter des histoires auxquelles les clients et futurs clients pourront s'identifier. Mais des entreprises plus petites, et des entreprises qui travaillent en BtoB peuvent aussi raconter des histoires pour convaincre plus facilement. Les techniques pour raconter des histoires sont des outils de vente à part entière, et aujourd'hui, si vous n'apprenez pas à raconter correctement des histoires, vous aurez de plus en plus de difficultés à vendre parce que vos clients sont submergés d'informations.

Les histoires s'adressent au cerveau reptilien

Quand vous réfléchissez et hésitez entre différents produits ou services, vous comparez les caractéristiques des produits, vous soupesez les avantages et les inconvénients des différents produits entre lesquels vous hésitez. Cette comparaison entre produits se fait dans le cortex. À un moment donné, l'interrupteur d'achat s'active dans votre cerveau ; c'est à ce moment que, en une fraction de seconde, vous décidez finalement lequel des produits vous allez acheter. Une fois le choix fait, instantanément, toutes les hésitations sont oubliées, tout comme les produits non choisis. Chacun d'entre nous connaît ce moment. Cet interrupteur d'achat se trouve dans le cerveau reptilien. Or ce cerveau reptilien réagit à deux stimuli : la peur et l'envie (et tous leurs dérivés, tels que la jalousie, la frustration ou le regret). Certaines techniques de vente vont donc cibler plus particulièrement ce cerveau reptilien pour court-circuiter la réflexion. Par exemple, il est impossible de vendre une assurance à quelqu'un qui n'a pas peur ou n'est pas angoissé d'avance de la perte de son téléphone ou du cambriolage de sa maison. Pour pouvoir vendre des produits d'assurance, il faut raconter une histoire effrayante et s'adresser aux émotions telles que la peur ou la frustration anticipée. Autre exemple, si vous vendez un téléphone portable très cher, vous pourriez dire la chose suivante :

« Vous avez choisi un très bon téléphone et vous avez aussi acheté le téléphone le plus cher du marché. Soyez vigilant parce qu'une personne m'en a acheté un la semaine dernière et il était tranquillement assis, le téléphone dans son sac, sur ses genoux. Un voleur a utilisé la technique du journal : c'est assez simple, le voleur fait semblant de lire un journal et ce journal lui sert d'obstacle visuel pour pouvoir cacher ce qu'il fait sous le journal : il ouvre votre sac et fouille dedans tranquillement comme si de rien n'était. En plus, comme c'est un vol sans violence, les assurances classiques ne remboursent pas et il y a de plus en plus de voleurs de ce type, car c'est assez peu puni par la loi puisque non violent. Après, évitez les chocs sur la vitre, car comme c'est un très grand écran, il risque de casser : hier, un de mes clients a laissé tomber l'emballage avec le téléphone dedans, cela a suffi à faire une fissure. Moi je vous encourage à prendre une assurance, chez nous ou ailleurs : en tous les cas, si vous voulez, on peut vous proposer une assurance à 40 € par trimestre, ce qui n'est pas énorme pour un téléphone à 1 200 €. Qu'est-ce que vous en pensez ? »

La phase de vente ne va pas se finir là et d'autres techniques de vente doivent prendre le relais, mais c'est un bon début : vous faites visualiser au client la frustration qu'il pourrait avoir de se voir voler son téléphone, ou de casser son téléphone. Les histoires ont cette force qu'elles s'adressent aux émotions, c'est à dire au cerveau reptilien. Raconter des histoires, c'est faire réagir sur des réflexes plutôt que sur de la réflexion.

Raconter des histoires, cela fait vendre !

Raconter des histoires permet de plus facilement faire passer un message, chose très importante pour faire connaître ses produits si l'on est une petite entreprise innovante, mais aussi pour convaincre d'acheter un produit plutôt banal quand on a du mal à se différencier. Si vous essayez d'argumenter uniquement sur des éléments factuels, les explications risquent d'être longues, complexes, et votre cible risque de ne pas avoir la patience d'attendre la fin de votre explication. Votre prospect risque alors de ne pas comprendre à quoi sert votre produit, et encore moins d'en comprendre la valeur ajoutée. Raconter une histoire vous permettra de prendre le raccourci émotionnel qui vous permettra de capter suffisamment d'attention pour pouvoir ensuite argumenter.

Un site Internet américain a fait le test suivant : les auteurs ont écrit deux articles sur le thème « Comment nous avons gagné 1 000 inscrits en moins de 24 h grâce à un article sur notre blog ». La première version de l'article donnait immédiatement la marche à suivre, alors que la deuxième version commençait par une histoire. Résultat : trois fois plus de textes lus, et cinq fois plus de temps passé sur la page qui commence avec une histoire.

J'imagine que vous aimeriez bien savoir ce qu'ils ont raconté pour avoir de meilleurs résultats ? Alors voici l'histoire, sous forme de dialogue, qu'ils ont raconté avant de passer aux explications :

« Nous venions juste de commencer à travailler sur le premier article de notre nouvelle série de blogs pour attirer des abonnés et, pendant le déjeuner, je parlais avec enthousiasme à mon ami (un entrepreneur et blogueur assez connu).

– Très bonne idée. Quel *est votre plan pour obtenir des lecteurs ?*

– Je pensais le lancer, puis envoyer le lien par courrier électronique à autant de personnes importantes que possible.

Mon ami leva les yeux de son iPhone et leva les sourcils. Si les expressions faciales pouvaient parler, les siennes disaient :

– Mec. Tu te moques de moi ?

Heureusement, il continua :

– Sais — tu combien de mails de ce type je reçois chaque jour ? 99 % d'entre eux viennent de personnes dont je n'avais jamais entendu parler avant. Je me débarrasse de la totalité de ceux dont le destinataire m'est inconnu.

Lorsque je lui ai demandé pourquoi il faisait cela, il est devenu évident que c'était parce que sa boîte mail était surchargée de personnes inconnues qui lui demandent de les aider, et en plus, gratuitement.

– Tout le monde se fiche de tes mails sauf s'ils se soucient de toi.

Au cours des 20 minutes qui ont suivies, mon ami a changé presque tout ce que je pensais savoir de la façon d'atteindre des personnes importantes.

La leçon de loin la plus importante peut être résumée comme suit :

– Oubliez votre stratégie de "promotion" et concentrez-vous sur l'engagement et la construction de relations réelles et mutuellement bénéfiques, avant que vous n'en ayez besoin. Je sais que cela semble du verbiage à la mode, mais voyons comment nous avons pu appliquer ce concept à notre blog et comment nous avons pu obtenir plus de 5 000 abonnés en seulement cinq semaines de publication. »

Là se termine l'histoire, et il y a ensuite la présentation des diverses étapes pour obtenir des gens qui s'inscrivent à leur mailing liste. En tant qu'entreprise, vous devez convaincre un acheteur que votre proposition est la meilleure solution pour résoudre son problème. C'est là que raconter une histoire vous permettra de mieux attirer son attention et mieux lui faire retenir l'information puisque le cerveau est structuré pour mieux retenir les informations associées à des émotions.

La structure d'une histoire de vente

Le principe général d'une bonne histoire de vente

Raconter une bonne histoire est le meilleur moyen qu'on retienne l'information que vous voulez faire passer parce qu'une histoire s'adresse aux émotions autant qu'à la réflexion. Les histoires n'ont pas pour seul but d'amuser : elles peuvent se vouloir pédagogiques, prosélytes ou encore être utilisée pour la vente.

Toutes les histoires suivent le même découpage : pour une histoire, il faut un personnage central, cela peut être une entreprise ou un individu et il faut passer par quatre étapes successives :

1. La première étape est la description de la situation
2. La deuxième étape est l'arrivée d'un problème ou d'une perturbation
3. La troisième étape présente les conséquences négatives du problème survenu à l'étape précédente et les péripéties que cela va engendrer. Il y aura à insérer des forces maléfiques qui luttent contre le personnage principal et l'empêchent de résoudre son problème. Parfois la situation pourra paraître désespérée, c'est ce qu'on appelle le CLIMAX.
4. La quatrième étape correspondra au dénouement de l'histoire : comment le personnage principal va-t-il finalement réussir à s'en sortir ? C'est en général à cette étape que votre produit ou votre service prouvera son efficacité.

En plus de ces quatre étapes classiques d'une histoire, une histoire de vente devra se poursuivre avec des arguments rationnels et éventuellement, un appel à l'action. Mais on n'est déjà plus dans l'histoire ! L'histoire cherche avant tout à accrocher le prospect et lui donner envie d'en savoir plus. La structure d'une histoire est donc : la situation, suivi d'un problème, puis viennent les conséquences négatives du problème avant de finir sur le dénouement de l'histoire. Il va ensuite falloir lier tout cela dans un récit où il faudra faire appel aux émotions et créer du suspens.

Le héros et la situation

Comme dans chaque histoire, il faut un héros. Et pour que votre histoire marche, il faut un héros, heureux ou malheureux, auquel votre auditoire doit pouvoir s'identifier. Ce héros va devoir accomplir une mission ou résoudre un problème dans une situation particulière.

Dans les histoires de vente, votre héros devra généralement être votre client parce qu'il pourra plus facilement s'identifier à l'histoire. Par exemple, l'entreprise Moleskine vend des carnets pour lesquels elle n'oublie pas de rappeler qu'ils ont été utilisés par les plus grands artistes. Vous, client, allez donc pouvoir utiliser le même carnet que Pablo Picasso ou Vincent Van Gogh. Dans une histoire de vente, le client doit être le personnage principal de l'histoire : il faut lui parler de lui. Il doit ressentir que vous l'avez compris et l'histoire devra lui faire revivre des émotions qu'il vit parfois au quotidien. Vous allez aussi devoir analyser le parcours d'achat et prévoir les objections typiques de vos prospects pour pouvoir les inclure dans votre histoire. Par exemple, si vous essayez de vendre des abonnements à un club de sport, vous savez que les clients peuvent être frustrés d'avoir des horaires d'ouverture qui ne leur correspondent pas. Il faudra les rassurer sur ce point pendant l'histoire. Ainsi, avant de commencer à écrire une histoire, définissez précisément votre client héros et les émotions qu'il ressent quand il est confronté au problème que résout votre produit, ou encore les émotions qu'il pourrait ressentir quand il utilise votre produit.

En fonction de votre segment marketing, les émotions recherchées seront probablement différentes ; cela dépendra de l'âge, de la situation familiale ou encore du revenu. Si vous vous adressez à des professionnels, cela dépendra de la fonction, de l'emploi du temps, du métier. Ce peuvent être des émotions positives ou négatives : de l'admiration, de l'amour, de la haine, du désir, de la joie, de tristesse, de l'irritation, du stress, de la surprise, de la colère, du dégoût ou n'importe quelle autre émotion qui puisse vous être utile pour convaincre.

La situation dans laquelle se trouve le héros au départ est importante : il s'agit de décrire le décor et le contexte dans lequel le héros de l'histoire va se mouvoir. La première étape d'une histoire consiste donc à décrire la situation. Sans cette partie de l'histoire, il sera impossible à votre interlocuteur de comprendre ce qui passe. Cette partie-là doit être minimale parce que vous devez partir sur les chapeaux de roue : en effet, vous n'avez que quelques secondes pour embarquer votre prospect dans votre histoire, sinon, il risque de s'en désintéresser très vite. Parfois, la description va se résumer en une phrase ou une question. Par exemple, si je dis : « Vous en avez marre de faire le ménage, de laver le linge et laver la vaisselle pour toute votre famille ? » Cela sera suffisant, car aucun détail supplémentaire ne serait utile pour comprendre la suite de l'histoire. On n'a d'ailleurs même pas besoin de savoir si le héros, le prospect, est un homme ou une femme.

Dans d'autres cas, il sera important de développer un peu plus la description de la situation, en particulier si vous visez une cible plus étroite, ou qui vit une situation bien particulière qu'il vous faut décrire plus précisément, car elle est peu commune. Par exemple, vous vendez un traitement contre des troubles du sommeil très rares : votre description de la situation devra être plus longue et plus précise. Ceci donnera : « Vous avez moins de 25 ans et vous êtes en permanence fatigué, très fatigué. Et ce n'est pas parce que vous sortez trop le soir ou parce que vous travaillez trop, non ! Vous vous couchez à 21 h tous les soirs et pourtant, vous ne pouvez pas vous empêcher de vous endormir en cours malgré vos 10 h de sommeil ! Vous ressentez même le besoin de dormir quatre heures de plus tous les jours. En fait, cela fait des années que cela dure, mais jusque-là, vous arriviez assez bien à gérer grâce à vos parents qui, inquiets bien sûr, vous ont aidé en vous déchargeant des problèmes de la vie quotidienne, d'autant que personne ne comprend bien ce qui vous arrive ». Là, vous venez de faire une description de la situation un peu plus longue, car elle permet à ceux qui ne sont pas concernés d'arrêter la lecture : votre cible marketing est très étroite. Une fois la description de la situation faite, passez à l'étape suivante : le problème.

Le problème perturbateur

Pour qu'il y ait une histoire, il faut des péripéties, et pour qu'il y ait des péripéties à partir d'une situation donnée, il faut un élément perturbateur qui casse la routine. Imaginons, un jeune avec de problèmes de sommeil chroniques a besoin de plus de 12 h de sommeil par jour. Jusque-là, tout va bien, car ses parents le déchargent des problèmes quotidiens, mais arrive l'élément perturbateur : « Cette année, vous avez quitté le domicile familial pour faire vos études dans une autre ville, et les règles du jeu ont changé : avec personne pour vous aider, votre fatigue est telle que vous n'arrivez plus à gérer et, dans votre studio, cela sent le linge sale, vous n'avez plus la force de nettoyer la crasse qui s'installe durablement et vous maigrissez, car vous n'avez plus la force de sortir faire vos courses. Vous avez besoin d'aide, mais vous ne savez plus à qui vous adresser, car même les médecins n'ont plus de solution pour vous ».

Le problème perturbateur est le déclencheur de l'histoire : s'il n'était pas là, la routine continuerait comme elle est décrite dans la première partie de l'histoire : la situation. Cette partie peut être plus ou moins longue, mais elle est généralement plutôt courte : elle ne sert que d'excuse pour présenter les péripéties. Ce problème doit créer une promesse d'histoire.

Cela peut être une mission dangereuse, un objet puissant, une île déserte à découvrir, la découverte d'un pouvoir magique (par exemple le don d'ubiquité avec Skype). Une fois le problème survenu, les péripéties commencent.

Les péripéties et la quête

L'histoire a commencé avec la description d'une situation dans laquelle le personnage principal a eu un problème qui vient modifier sa routine bien huilée. Vous allez décrire toutes les péripéties qui lui arrivent. Elles ne sont pas forcément nombreuses, mais elles sont importantes, car elles permettent à votre lecteur de se reconnaître dans le parcours de votre héros tout en illustrant les conséquences négatives à ne pas connaître le produit ou le service que vous proposez.

De façon plus générale, les péripéties doivent se matérialiser par une aventure qui suit une trame invisible et qui va donner de la cohérence à l'histoire, une sorte de quête. Cette quête doit vous aider à dérouler les événements, car vous saurez quelle direction vous prenez. Par exemple, pour la quête du bonheur : l'objectif est de trouver la quiétude et la paix et cela peut matérialiser par :

– une famille heureuse où tout le monde s'aime malgré la violence du monde extérieur

– un monde de paix où tous se respectent

– le héros qui conduit une voiture sur une route rectiligne sans fin dans un paysage magnifique.

– pour notre histoire précédente, cela peut être la possibilité de passer une journée entière sans ressentir de fatigue en n'ayant dormi que 8 h la nuit précédente.

Dans la lutte de bien contre le mal, le processus est inverse : tout va bien et d'un coup, l'ennemi vient casser tout cela. Cet ennemi n'est pas forcément quelqu'un qui veut du mal au héros, c'est juste un individu ou même un élément perturbateur qui casse l'harmonie existante. Par exemple, cela pourrait être :

– Une maladie,

– un cambriolage

– un traître

– quelqu'un qui veut se venger

– ou encore une personne cupide qui veut profiter du héros.

Enfin, parfois, c'est la quête elle-même qui est le support de l'aventure, en particulier quand le personnage principal doit découvrir ses propres qualités. Par exemple, dans le seigneur des anneaux, les Hobbits ont pour objectifs de rester tranquillement chez eux à manger et se la couler douce. Mais ils sont en danger et c'est pourquoi ils sont obligés de partir à l'aventure. Si on garde en tête leur objectif, cela explique leur comportement parfois lâche. Mais au cours de leurs aventures, ils vont se découvrir un courage qu'ils ne se connaissaient pas, et cela bien que leur objectif n'ait pas changé. Une fois la quête identifiée, il faudra déterminer une trame menant à celle-ci ; ce sera une sorte de résumé de ce qui va se passer.

Pour notre histoire du jeune dormeur, la trame est que le jeune dormeur n'arrive pas à vivre normalement ; il tente tout avant d'abandonner, résigné. On lui a décrit sa situation, en s'adressant à lui avec le pronom « vous » et on vient de lui dire : « Vous avez besoin d'aide, mais vous ne savez plus à qui vous adresser, car même les médecins n'ont plus de solution pour vous ».

On va alors enchaîner sur les péripéties : « De désespoir et pour essayer de reprendre une vie normale, vous avez tenté l'improbable : boire des litres de boisson énergétique, mais vous êtes exténué, car vous avez besoin de dormir. Alors vous avez tenté l'inverse : prendre des somnifères en espérant dormir, mais en fait vous dormez mal et c'est pour cela que vous êtes tout le temps fatigué. Vous vous êtes alors enregistré pour voir si vous ne faisiez pas des apnées du sommeil qui vous empêchent de récupérer : rien. Vous êtes même allé voir un sorcier qui vous a proposé de vous planter un clou dans l'oreille : quand le clou tombera, tu seras guéri ! vous a-t-il dit avant de vous voir partir en courant. Pire que tout, vous ne savez pas ce que vous avez et cela vous rend fou ! Et vous avez baissé les bras, c'est fini pour vous. Vous n'aurez jamais une vie normale. »

C'est la fin de péripéties, car on se dit que le héros n'y arrivera pas. Il va falloir maintenant arriver à la résolution de l'histoire. Cependant, pour qu'une histoire fonctionne, il faut que lors des péripéties, il y ait des ennemis et un climax.

Les ennemis et le climax

Pour une bonne histoire, il faut des péripéties et une quête, mais il faut aussi que l'histoire soit une vraie aventure, et pour cela, il faut un ennemi et un ami proche. L'ennemi lutte contre le personnage principal, et l'ami proche doit souvent être votre entreprise, votre produit ou votre service, qui va aider le héros. Ensuite, une fois l'ennemi identifié, il faut que votre héros lutte contre cet ennemi. S'il n'y a pas de conflit ou de bataille, cela donne des histoires sans saveur. Toutefois, attention : votre héros ne peut pas être ultra-combatif à un moment de l'histoire, et soudain, complètement amorphe s'il n'y a pas une bonne raison. Il faut faire attention à la cohérence du comportement du personnage principal. Je vais reprendre mon histoire de jeune homme fatigué. Imaginez si l'histoire avait été la suivante :

« Vous avez moins de 25 ans et vous êtes en permanence fatigué, très fatigué. Et ce n'est pas parce que vous sortez trop le soir ou parce que vous travaillez trop, non ! Vous vous couchez à 21 h tous les soirs et pourtant, vous ne pouvez pas vous empêcher de vous endormir en cours malgré vos 10 h de sommeil ! Heureusement, vos parents vous aident depuis des années et gèrent pour vous le quotidien, ce qui vous permet de fonctionner normalement. Par chance, cette année, alors que vous allez devoir partir faire vos études loin de chez vos parents, vous découvrez les gélules SuperEveil, des gélules miracles qui vont ramener votre temps de sommeil à une durée classique. »

Cette histoire n'a aucun intérêt, car il ne se passe rien : en fait, il n'y a pas de lutte contre l'ennemi, le manque de sommeil. Il faut des péripéties, dans le style :

« De désespoir et pour essayer de reprendre une vie normale, vous avez tenté l'improbable : boire des litres de boisson énergétique, mais vous êtes exténué, car vous avez besoin de dormir. Alors vous avez tenté l'inverse : prendre des somnifères en espérant dormir, mais en fait vous dormez mal et c'est pour cela que vous êtes tout le temps fatigué. »

Toutes ces péripéties vont placer le personnage principal dans une situation difficile, voire désespérée : c'est le **climax**. Le lecteur va avoir envie de savoir comment le héros s'en sort. Et c'est parce qu'il a envie que le héros s'en sorte que le client lecteur va être attentif à votre proposition. En résumé, votre héros doit vivre une aventure, cette aventure va l'amener à une situation désespérée que seul votre produit ou votre service va pouvoir résoudre. Et vous aurez bien fait attention à répondre d'avance à toutes les critiques pendant l'aventure.

Le dénouement

Pour vendre des produits, vous devez non seulement attirer l'attention de vos prospects, mais vous devez également conserver cette attention. Vous devez montrer que vous cherchez vraiment à résoudre son problème. C'est là que le dénouement intervient ; il bouleverse l'histoire et amène une solution. Le dénouement n'est pas toujours heureux pour le héros, mais il est toujours positif pour votre produit ; il met en avant le contraste entre l'avant et l'après. C'est durant cette phase que le prospect se fait une idée de la valeur ajoutée de votre produit ou de votre service. Voici deux fins possibles pour mon histoire de jeune homme qui dort plus que tout le monde et à qui cela gâche la vie, en particulier depuis qu'il doit se gérer tout seul. Dans ce premier dénouement de l'histoire, on voit comment le héros s'en tire bien s'il utilise votre produit ou votre service (je vous rappelle que dans l'histoire, vous vous adressez directement au client en lui disant « vous ») :

« Un jour, vous voyez une coupure de presse qui parle de *syndrome du trouble de durée allongée du sommeil* : un laboratoire a identifié les origines génétiques de ce syndrome dont sont atteintes une faible proportion de personnes. Vous apprenez que des pilules sont déjà en vente en pharmacie et après un passage chez votre généraliste, vous quittez la pharmacie avec nos gélules SuperEveil. En moins d'une semaine, vous retrouvez votre énergie et vous n'avez plus besoin que de 8 h de sommeil par jour. Une nouvelle vie s'ouvre à vous ».

Dans le deuxième dénouement, cela se passe mal pour le héros, mais le produit est quand même un sauveur. Le héros regrette amèrement et décide que la prochaine fois, il ne se passera pas du produit ou du service. Reprenons le texte : « Trente ans se sont écoulés et vous vivez toujours chez vos parents. Vous avez vécu votre vie à demi teinte, seul et incompris. Et puis un jour, vous voyez une coupure de presse qui parle de "syndrome du trouble de durée allongée du sommeil" : un laboratoire a identifié les origines génétiques de ce syndrome dont sont atteints une faible proportion de la population et ce laboratoire a développé un médicament particulièrement efficace : les gélules SuperEveil. Ce jour-là, vous pleurez pendant de longues heures : vous êtes content pour tous ceux qui n'auront pas à vivre la même vie que vous, mais vous êtes désespérés de ne pas être nés trente ans plus tard. Dans un geste de désespoir, vous éteignez la lumière ».

Lorsque vous créez une histoire de vente, il faut aussi prendre en compte les objections possibles des clients et y répondre dans l'histoire elle-même. Par exemple, vous pouvez dire quelque part dans l'histoire : « Les pilules SuperEveil sont le médicament le plus cher du marché, mais elles sont bien remboursées ». Enfin, il s'agit ensuite de conclure brièvement l'histoire avec la situation finale, qu'on appelle l'**explicit** : c'est la description de la routine qui s'installe après toute l'histoire, par exemple : « Et ils vécurent longtemps ensemble et eurent beaucoup d'enfants ».

Terminez systématiquement par une phrase qui correspond à la situation finale à l'équilibre après le dénouement.

Une histoire peut être courte

Peut-être imaginez-vous qu'une histoire est forcément longue. C'est une erreur. Parfois, une seule phrase par étape suffit. Lisez plutôt : « Avant, j'étais tellement nul en cuisine que mes enfants refusaient de manger ce que je préparais et je n'osais inviter personne. Mais un jour j'ai découvert l'existence du Glutamate en poudre qui transforme n'importe quel aliment affreux en un aliment apprécié. Grâce à ce produit chimique, je n'ai aucun effort à faire : je suis toujours aussi mauvais en cuisine, mais tout le monde adore ma cuisine et en redemande ».

Si jamais vous tapez « glutamate en poudre » sur dans la barre de recherche de votre navigateur Internet, c'est que vous cuisinez probablement mal et que vous voulez voir si le glutamate existe vraiment. Dans ce cas, c'est l'histoire que vous venez de lire qui vous a peut-être convaincu d'aller jeter un œil. Pour la petite histoire, sachez le glutamate en poudre existe, et que cela a bien l'effet décrit dans mon histoire. Il s'agit d'un exhausteur de goût, très utilisé dans l'industrie alimentaire. Analysons le texte : la première phrase contient et la Situation et le problème.

La situation : « Avant, »

Le problème « j'étais tellement nul en cuisine… »

Les conséquences négatives : « que mes enfants refusaient de manger ce que je préparais et je n'osais inviter personne. » »

Le dénouement, ou gain : « Mais un jour j'ai découvert l'existence du Glutamate en poudre qui transforme n'importe quel aliment affreux en un aliment apprécié. Grâce à ce produit chimique, je n'ai aucun effort à faire : je suis toujours aussi mauvais en cuisine, mais tout le monde adore ma cuisine et en redemande. »

En conclusion, ne vous imposez pas une durée minimale de l'histoire. Même des histoires courtes peuvent fonctionner.

Créez des émotions

Agissez sur le cerveau reptilien pour vendre

L'acte d'achat suit un mécanisme intéressant : on s'est rendu compte que l'interrupteur d'achat, c'est-à-dire la décision d'achat, ne se fait pas dans le même endroit dans le cerveau, que la réflexion par rapport à l'achat.

Quand on compare des produits, qu'on réfléchit à ses caractéristiques, cela se fait dans le cortex, mais l'interrupteur qui dit, « là j'achète » (chacun d'entre nous connaît ce moment), ce moment où on se dit : « OK ; je sors la carte bancaire », cet interrupteur se trouve dans le cerveau reptilien. Or le cerveau reptilien réagit à deux stimuli : d'abord la peur et ses dérivés (frustration, angoisse…), ensuite, l'envie et ses dérivés tels que la jalousie. Ce mécanisme d'activation de l'achat va devoir être pris en compte durant la séquence de vente, et une histoire de vente va profiter de ce comportement d'achat. Vous devez prendre en compte cela, en particulier en cas de crise majeure : vos arguments doivent être émotionnels….

Créez des émotions chez vos clients

Si vous arrivez à créer des émotions chez vos clients, vous aurez plus d'impact dans votre message parce que vous vous adresserez à leur cerveau reptilien, celui qui décide d'acheter sur un réflexe, et non sur une réflexion. Alors, comment créer des émotions ?

Première façon de créer des émotions : cherchez l'inspiration dans la vie quotidienne.

En effet, les expériences du quotidien sont celles qui ont le plus de chance de générer des émotions puisque vos interlocuteurs auront une chance de se reconnaître dans cette histoire. Par exemple, laquelle des deux histoires suivantes vous touche le plus : « La semaine dernière, j'avais rendez-vous avec le ministre de l'Agriculture. Nous devions discuter de la nouvelle réglementation sur les épandages de lisier, un problème majeur pour les exploitants des zones agricoles de plus de 800 hectares. Comme il était tard, nous sommes partis dans sa Mercedes noire, conduite par son talentueux chauffeur ancien coureur de rallye. Nous sommes allés dîner au Cinq, l'un des restaurants les plus chics de Paris... »

Si vous avez une exploitation de 800 hectares et que vous connaissiez des ministres, cette histoire aurait des chances de vous intéresser, mais très probablement, elle est trop éloignée de ce que vous êtes pour pouvoir vous intéresser.

Voici maintenant le début d'une deuxième histoire :

« Hier soir, je suis passé dans la nouvelle boulangerie qui vient d'ouvrir en bas de chez moi :

– Bonjour Monsieur,

– Bonjour,

— Je voudrais une baguette, s'il vous plaît.

— Une baguette comment ?

— Une baguette pas trop cuite

– Oui, mais quel genre de baguette ?

– Euh... Comment cela ? Une baguette normale, quoi !

— Monsieur, du pain normal, cela n'existe pas !

– Pardon, Monsieur, mais je ne suis pas dans une boulangerie ici ?

— À non Monsieur ! ici, vous êtes dans un atelier du pain.

– Ah ! Et vous n'êtes pas boulanger ?

– Non ! Je suis maître boulanger ».

Dans le deuxième cas, l'histoire écrite par Chevalier Laspales dans un de leurs sketches, et qui peut comme ici prendre la forme d'un dialogue, a plus de chances de vous intéresser. En effet, vous allez probablement régulièrement dans une boulangerie et peut-être vous êtes-vous confronté à des nouveaux concepts de boulangerie aux concepts parfois à la limite du ridicule.

Deuxième façon de créer des émotions : évitez de parler de vous si c'est possible. Parlez de votre interlocuteur. Dites « vous » et non pas « je », cela aura plus d'impact. Dans tous les cas, il faut toujours se demander en quoi l'histoire concerne votre interlocuteur. Si je veux améliorer l'impact de mon histoire précédente, j'ai donc intérêt à commencer comme cela :

Il y a quelques jours, vous êtes allés dans une nouvelle boulangerie de votre quartier :

–Bonjour Madame,

– Bonjour,

– Je voudrais une baguette, s'il vous plaît.

– Une baguette comment ?

… et le dialogue peut continuer comme précédemment. En commençant avec «**Vous** êtes allés dans une boulangerie», cela parlera encore plus aux personnes qui sont effectivement allées dans une nouvelle boulangerie. Dans l'histoire de vente, on ne veut pas intéresser tout le monde, mais ceux qui ont le problème qu'on veut résoudre. Vous devez choisir votre cible et lui raconter l'histoire qui lui correspond le mieux. Toutefois, il faudra bien à un moment parler de votre entreprise, ce qui équivaut à un «je». Essayez donc de compenser chaque «je» par au moins trois «vous».

Susciter des émotions chez votre client améliorera l'impact de vos histoires et vous permettra d'être plus convaincant et plus facile à retenir. Pour cela, il faut que votre client se sente concerné par votre histoire : il faut donc lui parler d'une histoire qu'il pourrait vivre. Il faut absolument éviter une histoire à côté de la cible.

Les techniques pour raconter une bonne histoire qui fait vendre

Soyez dans l'action et sûr de vous
Une histoire sans action, c'est généralement très ennuyeux. Or, s'il y a une chose qui ne doit pas arriver, c'est que vos clients s'ennuient. Il va falloir une situation qui génère de l'action. Et pour donner encore plus l'impression qu'il y a de l'action, vous allez retravailler votre texte en utilisant un maximum de verbes d'action.

Première astuce : n'utilisez plus le verbe "faire quelque chose", mais utilisez le verbe correspondant :
— On ne fait pas la cuisine, on cuisine,
— On ne fait pas de la musique, on joue de la musique
— On ne cherche pas à améliorer le rendement de sa machine, on améliore le rendement de sa machine »

Deuxième astuce : n'utilisez pas des mots qui se termine par — MENT ou par — TION avant un verbe conjugué, cela vous poussera à utiliser la voie active. Par exemple, ne dites pas : « Le paiement de la prestation a été fait dans la semaine qui a suivi ». Mais dites plutôt : « Nous avons payé la prestation la semaine qui a suivi ». C'est plus direct, plus percutant.

Troisième astuce : ne vous excusez pas de ce que vous racontez. Ce que je veux dire par là, c'est que dans une bonne histoire, le héros ne se dit pas : « Bien que je ne sois pas tout à fait sûr, je pense qu'il faudrait utiliser telle tronçonneuse plutôt que telle autre ». Non ! le héros est confiant et sûr de lui : vous devez raconter l'histoire avec un style presque péremptoire. Comparez ces deux versions d'un texte : « Un chef d'entreprise me contacte : il me dit qu'il pense qu'il doit trouver de nouveaux clients. Il me dit qu'il se pourrait qu'il ait besoin d'améliorer ses compétences en prospection téléphonique, si je pouvais l'aider, cela devrait pouvoir lui faire gagner une semaine de travail ». Qu'est-ce que c'est mou ! Deuxième version du même texte : « Un chef d'entreprise me contacte : il a besoin de trouver de nouveaux clients. Il doit améliorer ses compétences en prospection téléphonique et, si je pouvais l'aider, cela lui fera gagner une semaine de travail ». La deuxième version est plus franche, plus directe et marquera plus un prospect. Cela peut sembler un tout petit détail, mais additionné aux autres éléments qui constituent une histoire, cela permet de construire une histoire qui fonctionne.

Illustrez votre histoire de vente

Une fois que votre histoire a été préparée et rédigée, il va falloir l'illustrer. Et quand je dis « illustrer », c'est au sens premier du terme : essayez de l'illustrer par une photo ou une image qui représente bien votre histoire. Les photos attirent l'attention des lecteurs autant que les mots. La raison est assez basique : nous sommes tous tellement surchargés d'informations écrites qu'il est plus facile pour notre cerveau de s'aider d'une image pour faire le tri. C'est pour cela qu'il faudra illustrer vos documents de vente par au moins une image. Mais alors, comment choisir une bonne image ? Voici quelques astuces :

1) choisissez uniquement des images avec une bonne résolution. C'est évident, mais il vaut mieux le rappeler.

2) choisissez des images sur lesquelles on voit des visages. En effet, une étude de Miratech sur les éléments qui génèrent de l'impact dans une publicité a montré que le visage représente 36 % de l'impact d'une publicité. Vient ensuite la présence de texte avec 39 %.

3) Quant au choix du héros, une étude a montré que si l'on analyse le genre du personnage principal et la sensualité de l'image, on voit deux choses. D'une part : la présence d'un homme sur une publicité a plus d'impact que la présence d'une femme, or cela représente 29 % de l'impact. D'autre part, la sensualité d'une personne sur la publicité à

71 % d'impact. Dans ce dernier cas, ce sont les zones de peau qui attirent le regard : visage, ou torse nu. Bref, un homme sensuel a toutes les chances d'attirer le regard. Une image peut avoir beaucoup d'impact, mais une vidéo en a encore plus : dans l'idéal, si cela vous est possible, transformez votre histoire en script destiné à être transformé en vidéo. En effet, le support vidéo est de plus en plus sollicité, y compris dans les entreprises. Un des avantages de la vidéo est que le prospect n'a plus aucun effort à faire, pas même à lire.

En conclusion, que ce soit une image ou une vidéo, l'illustration d'une histoire est un élément qu'il ne faut pas négliger, car il rajoute de l'information à l'imaginaire émotionnel associé à l'histoire.

Créez une vision du succès

Il existe une particularité à l'histoire de vente : vous devez créer une vision du succès qui fasse intervenir votre produit ou votre service. Ce succès est le gain que pourra tirer votre utilisateur de votre produit ou de votre offre. Voici une histoire de vente pour un kit de diagnostic qui permet de détecter le virus Ebola. Voici la première version :

« Nous sommes la société DiagnosticEbola et nous avons été créés il y a trois ans sur la base des brevets déposés par les fondateurs Dr Dupont et Dr Durand. Ces brevets nous ont permis de développer un nouveau kit de diagnostic d'Ebola qui a été testé et approuvé par des organismes indépendants de certification. Ce test permet de diagnostiquer les malades d'Ebola en 15 minutes et nous aimerions vous convaincre d'acheter notre produit ».

Bon, rien de palpitant dans cette présentation très classique. Et maintenant la deuxième version :

« Aujourd'hui en Afrique centrale sévit une épidémie d'Ebola. Il s'agit d'une maladie mortelle qui se contracte par le simple contact cutané. Et cette maladie tue neuf personnes sur 10. Actuellement, à l'hôpital, on essaie de dépister les personnes suspectées d'être infectées. Mais le problème est qu'il faut huit heures pour obtenir le résultat et les personnes testées n'ont pas la patience d'attendre. Elles repartent donc chez elles, parfois dans des villages éloignés. Si on les détecte comme étant infectées, on n'arrive pas à les retrouver et elles meurent dans leur village. Or, dans les coutumes locales, quand quelqu'un meurt, on va le toucher une dernière fois, même quand on ne connaît pas bien la personne : cela fait qu'encore plus de personnes attrapent la maladie et meurent. Cela fait effet boule de neige. Si on ne fait rien et que cela continue comme cela, il est possible d'avoir un pays dont plus de la moitié de la population décède lors d'une épidémie. Et ce que je vous dis là, c'est très réel. Si on pouvait garder les gens à l'hôpital tant qu'on n'a pas le résultat du test, on pourrait garder toutes les personnes infectées pour essayer de les sauver, et on pourrait sauver des centaines de milliers voire des millions de personnes. Or, il se trouve que nous avons développé un test qui détecte le virus Ebola en moins de 15 minutes. C'est tellement rapide, que les gens ont la patience d'attendre le résultat. Est-ce quelque chose qui pourrait vous intéresser ? »

Quand je raconte cette deuxième version, mes étudiants me disent parfois qu'ils ont complètement oublié que j'étais en train de leur vendre un kit de diagnostic du virus Ebola, en particulier car le produit n'est évoqué qu'à la fin de l'histoire. Dans cette histoire, j'ai utilisé la structure suivante :

1) exposé de la situation
2) description du problème : les huit heures d'attente
3) l'identification des conséquences négatives si la situation ne change pas
4) le gain et les bénéfices s'il existait quelque chose qui permette de résoudre le problème (ici : garder les gens à l'hôpital). C'est ce que fait très exactement votre produit et que vous présentez en tout dernier.

Dans toutes les histoires de vente, vous allez devoir montrer qu'il y a un bénéfice à utiliser vos produits ou services, quelle que soit la structure de l'histoire que vous choisirez, parce que le bénéfice correspond à la chute de l'histoire, à son épilogue.

La présentation de votre entreprise et de vos produits

La façon de présenter son entreprise est généralement assez codifiée et assez pénible à lire : date de création et descriptif chronologique d'événements. C'est généralement très ennuyeux et n'apporte pas de valeur ajoutée à votre entreprise. Plutôt que de raconter la chronologie de l'entreprise, racontez plutôt une histoire en rapport avec votre entreprise. Passez par les étapes classiques qui sont : Situation (c'est là que vous brossez le décor), Problème (que s'est-il passé à l'époque de la création, ou à la période que vous jugez la plus intéressante) Déroulement (que s'est-il passé d'intéressant depuis, contre quelles forces du mal a-t-il fallu lutter ?) puis le dénouement (ce que vous faites aujourd'hui). Voyons deux présentations possibles pour la même entreprise. Voici la première version :

« L'entreprise TanakaSushi a été créée en 1750. Nous sommes le leader des sushis haut de gamme et notre savoir-faire ancestral nous permet de respecter la tradition du Sushi mieux que quiconque. Nous sommes implantés dans plus de vingt capitales dans le monde, dans les quartiers les plus huppés. »

Voyons maintenant la deuxième version :

« En 1740, Tanaka Giichi a 17 ans et il est voué à régner sur le fief d'Akita, il est fils du baron. Son amour pour les sushis est déjà devenu son obsession : il passe son temps dans les cuisines, à la recherche du sushi parfait. Toutefois, Tanaka doit se cacher, car la honte pourrait s'abattre sur sa famille. Tanaka se cachera cinq ans, et arrivera au sommet de son art sans que personne ne le sache. En 1749, Tanaka doit servir dans l'armée du shogun Tokugawa. Celui-ci est mourant, et il affirme qu'il meurt d'ennui : plus rien ne l'intéresse. Pendant ce temps, Tanaka continue à faire des sushis en cachette, au grand régal de ses camarades Samouraïs. En janvier 1750, Tanaka est surpris par un officier dans les cuisines royales : il devra faire Sepuku pour laver la honte qu'il jette sur sa famille et sur l'ensemble des samouraïs. Il est amené au Shogun qui doit prononcer la sentence. Les sushis de l'humiliation sont présentés au Shogun Tokugawa. Le Shogun voudra goûter les sushis avant la sentence : le visage du Shogun s'illumine. La sentence ne sera pas de suicide traditionnel, mais l'obligation de créer des sushis pour le Shogun. Tanaka peut atteindre son rêve : il deviendra le chef cuisinier du Shogun et pourra consacrer sa vie aux Sushis. Depuis 1750, rien n'a changé dans l'entreprise TanakaSushi, nous faisons les sushis de la même façon que le faisait Tanaka Giichi ».

Certes, la deuxième version est plus longue, mais elle est aussi plus intéressante. Elle parle aux émotions plus qu'à la raison. Si Tanaka était prêt à risquer sa vie pour ses Sushis, c'est que probablement ils sont exceptionnels, et que vous allez, vous, aujourd'hui, pouvoir manger les mêmes Sushis que les Samouraïs de l'époque.

N'hésitez pas à décrire vos produits et vos services dans une histoire qui décrit leur usage plutôt que par une description fidèle. Vos prospects n'ont pas envie de lire des descriptifs, ils ont envie de rêver d'une vie plus simple, sans les contraintes qu'ils vivent actuellement. Si vous vendez des meubles, il y a peu d'intérêt à les décrire ou à en montrer une photo hors contexte. Il vaut largement mieux raconter aux gens comment ils vont vivre avec vos meubles. Et si vos meubles ont des astuces pratiques uniques, montrez comment la vie était pénible avant. C'est pour cela qu'IKEA raconte une histoire dans sa façon de présenter ses meubles : ils sont toujours en contexte, dans un séjour, une chambre ou une salle de bain. En voyant ces meubles, on se dit que tel ou tel élément irait bien chez nous. C'est plus difficile si l'on ne fait que poser les meubles les uns à côté des autres. Si vous avez des produits difficiles à expliquer, vous pouvez par exemple créer une histoire sous format vidéo qui vous permettra de les montrer en action dans la dernière partie de votre histoire.

Pour présenter votre entreprise, écrivez une histoire plutôt que de faire un historique classique. Pour cela, le héros devient le fondateur ou l'entreprise elle-même. Racontez la situation de départ du héros qui rêve d'un objectif qu'il n'arrive pas à atteindre. Et au moment où l'histoire est censée mal se terminer (le climax), un rebondissement de dernière minute lui permet de trouver une solution : c'est-à-dire les produits que propose votre entreprise.

Les sources d'inspiration pour raconter une histoire

Les histoires ont toujours existé. Et vous en avez vous-même entendu des centaines. Malheureusement, ce n'est pas facile du tout d'en raconter et encore moins d'en inventer. Toutefois, vous pouvez vous inspirer de plusieurs sources différentes pour créer des histoires. Voyons-en quelques-unes même si la liste n'est pas exhaustive :

- Première source d'inspiration : votre histoire personnelle. L'avantage est que vous connaissez bien l'histoire et que vous trouverez facilement des détails qui la rendront réelle. Le piège en revanche est de raconter l'histoire à la première personne. En effet, le lecteur doit se reconnaître dans l'histoire, c'est lui le héros. Et si votre histoire est très spécifique à votre seule personne, il est probable qu'elle ne va intéresser que vous.

- Deuxième source d'inspiration : l'histoire des grands-parents. Inspirez-vous des histoires racontées en famille. Il y en a probablement une à exploiter. Et si ce n'est pas l'histoire de vos grands-parents que vous racontez, racontez celle d'autres grands-parents. Si vous écrivez un article pour un blog de cuisine sur la thématique des plats très peu chers à préparer, racontez comment votre grand-mère, en accommodant des restes, est tombée par hasard sur une recette au goût incroyable, celle justement que vous allez présenter dans l'article.

- Troisième source d'inspiration : l'histoire rapportée ou entendue. Écoutez vos clients, enregistrez tout ce qui se dit et prenez des notes ; vous allez alors pouvoir réutiliser les anecdotes de vos clients ou de vos connaissances pour en faire des histoires.
- Quatrième source d'inspiration : l'étude de cas. Par définition, l'étude de cas raconte une histoire : celle d'un de vos clients. C'est donc une source d'inspiration idéale. Toutefois, il faut éviter de traiter l'étude de cas avec trop de formalisme, car cela devient laborieux à lire. Au contraire, ne vous focalisez pas sur vos produits, mais plutôt sur l'histoire et le ou les personnages. Par exemple, racontez l'histoire d'un de vos clients qui vit une histoire intéressante avec vos produits : c'est quelque chose de convaincant pour vos autres prospects. Racontez l'histoire d'une réussite et adressez-vous aux émotions et non pas au cerveau.
- Cinquièmemement : inventer l'histoire. En général, il est accepté qu'une bonne histoire est une histoire vraie, parce que le client n'est pas idiot, il sent instinctivement que vous inventez. Et au moindre doute, vous aurez l'effet inverse à celui attendu. Mais une histoire inventée peut parfois être plus forte qu'une histoire réelle, car elle est construite pour être la plus intéressante possible. Et puis, n'oubliez pas que l'objectif est de rendre un message plus facile à raconter tout en distrayant vos lecteurs. Le seul point sur lequel vous ne pouvez pas mentir, c'est sur l'entreprise ou vous-même : ne racontez pas que Bill Gates est venu visiter les locaux de votre entreprise si ce n'est pas le cas. Choisissez un personnage inconnu s'il faut que le personnage principal visite vos locaux.
- Sixième source d'inspiration : s'inspirer d'autres histoires. Si vous n'arrivez pas à trouver l'inspiration, allez chercher des histoires existantes et adaptez-les à la thématique de votre entreprise. Reprenez par exemple la structure de conte ou fables. Ensuite, quand vous voulez adapter cela à une histoire de vente, vous reprenez la même structure et vous remplacez le contenu. Par exemple, le petit chaperon rouge est une histoire amorale où le loup gagne à la fin puisqu'il mange la grand-mère et le petit chaperon rouge. Mais il existe une fin différente dans laquelle un chasseur vient au dernier moment, tue le loup et sauve le petit

chaperon rouge comme sa grand-mère. C'est une structure d'histoire que vous pouvez utiliser si vous vendez du recouvrement de dette. Le petit chaperon rouge est votre client. Le loup est le mauvais payeur de votre client qui s'est fait escroquer. Et vous êtes le chasseur de la fin qui va sauver l'entreprise en récupérant son argent.

Il n'existe malheureusement pas de méthode magique pour trouver l'inspiration, d'autant que chaque entreprise aboutira à des histoires différentes. Au-delà des six sources d'inspiration précédente, soyez créatif et inspirez-vous de n'importe quelle autre histoire pour raconter la vôtre.

Fiche outil pour créer une histoire de vente

Les histoires de vente ont un but : ancrer une idée dans l'esprit de vos clients. Cette idée va passer, car vous raconterez une histoire qui parle à votre place. En effet, elle raconte et montre par des images ou une vidéo, une histoire qui crée des émotions.

Pour fonctionner, votre histoire doit être simple, écrite sur un ton familier pour que le lecteur puisse s'identifier à l'histoire et elle doit impliquer des émotions et n'a pas le droit d'ennuyer : rebondissements, suspens.

Pour vous aider, vous pouvez utiliser la fiche que trouverez dans la page suivante. Elle vous remettra en tête les éléments essentiels. Il vous suffira de remplir la fiche en suivant les numéros dans l'ordre.

Sa structure devra toujours passer par au moins quatre étapes :

- d'abord la présentation de la situation,
- ensuite survient un problème ou un incident de parcours qui sera l'élément déclencheur de l'histoire,
- ensuite viennent les conséquences négatives qu'on appelle le climax : ce sont les péripéties du héros
- et enfin la résolution du problème, généralement grâce à votre produit.

Enfin, il ne faudra pas oublier d'incorporer les émotions que vous devez générer pour déclencher l'acte que vous voulez obtenir : vendre, obtenir un mail, vous faire appeler.

En racontant de bonnes histoires, vous attirez plus facilement l'attention de vos clients.

1 Le héros	3 Objectif de l'histoire	4 Contexte de l'histoire	5 Morale de l'histoire
Qui est votre client ? Quelles sont ses motivations ?	Où doit arriver le héros à la fin ?	Quelle est la situation avant le début de l'histoire ?	Quel message voulez-vous faire passer ?

L'HISTOIRE

2 Les ingrédients de l'histoire	6 Situation	7 Le problème	8 Les péripéties	9 Le dénouement
Quel problème rencontre votre client ? Quels conséquences négatives y a-t-il s'il ne réagit pas ? Quels obstacles rencontre votre client dans votre histoire ? Quelles élément de surprise allez-vous inclure dans l'histoire ?	Exposition de la situation qui va engendrer un problème	Quel est le problème perturbateur qui déclenche l'histoire ?	Quelles sont les conséquences du problème et quelles péripéties rencontre votre client ? Qui est son ennemi ? **Le climax** A quel moment le héros a-t-il failli échouer ?	Comment le client a-t-il finalement résolut son problème ? **10 Appel à l'action** Que voulez-vous que votre prospect fasse une fois qu'il a écouté votre histoire ? Acheter ? Laisser son mail ? Vous contacter ?

	ACTION	**ACTION**	**ACTION**	**ACTION**
	Que fait le client ? Que voit le client ? Qu'entend le client ?	Que se passe-t-il durant cette phase ? Que fait le client ? Que voit le client ? Qu'entend le client ?	Que se passe-t-il durant cette phase ? Que fait le client ? Que voit le client ? Qu'entend le client ?	Que se passe-t-il durant cette phase ? Que fait le client ? Que voit le client ? Qu'entend le client ?
	EMOTIONS	**EMOTIONS**	**EMOTIONS**	**EMOTIONS**
	Quelles émotions ressent le client ?	Quelles émotions ressent le client durant cette phase ?	Quelles émotions ressent le client durant cette phase ?	Quelles émotions ressent le client durant cette phase ?

3

LE SERVICE CLIENT EN PÉRIODE DE CRISE

PRIORISER LES DEMANDES ET LES ACTIONS URGENTES

Les crises telles que celles du Covid19 impactent durement la vie des entreprises et très peu sont épargnées. Certaines entreprises doivent ralentir leur activité, d'autres, dans les cas extrêmes, doivent arrêter complètement leur activité. Dans un cas comme dans l'autre, la relation aux clients va se trouver profondément modifiée, bien sûr au service client, mais également pour d'autres fonctions de l'entreprise, telle que le service commercial.

- Pour ce qui est du service client, plusieurs éléments vont changer : la façon d'interagir avec les clients, car ils sont inquiets,
- La gestion du volume des appels ou des sollicitations qui va augmenter
- La façon de gérer l'insatisfaction des clients
- Et enfin la gestion des annulations éventuelles

Pendant une période de crise, le rôle du service client va être essentiel pour amortir un phénomène naturel : la perte de clients. Cette perte de client va être inéluctable pour deux raisons : premièrement, car certains de vos clients vont faire faillite ou n'auront tout simplement plus les moyens d'acheter vos produits, deuxièmement car une crise est une période d'instabilité qui pousse vos clients à se questionner sur les choix qu'ils ont faits dans le passé pour pouvoir les optimiser. C'est donc une période ou l'insatisfaction et la frustration peut les pousser à changer de fournisseur.

Pourquoi le rôle du service client est-il important à ce moment-là ? Car c'est dans la difficulté qu'on apprécie une entreprise. Par exemple, quand vous achetez un lave-linge, vous ne pensez pas nécessairement à sa panne future. Mais 3 ans plus tard, une pièce en plastique facile à changer se casse. Quand vous réalisez qu'un réparateur va venir vous changer cette pièce gratuitement alors que vous vous attendiez à payer la pièce et à l'installer vous-même, votre satisfaction aura une influence sur le choix de votre prochain achat.

Venons-en aux priorités dans la relation à avoir avec ses clients en période de crise.

Si les périodes de crise ne changent pas fondamentalement les grandes règles d'interaction avec les clients (être à leur écoute, leur faire comprendre qu'on compatit à leurs problèmes, résoudre leurs problèmes dans les meilleures conditions), elles nécessitent de donner la priorité à des axes de communication qui auront pour objectif de rassurer les clients. En effet, les périodes de crise sont risquées, et la gestion du risque est importante pour vos clients. Vous devrez montrer que travailler avec vous, ou se fournir chez vous, ce n'est pas risqué.

Mais ce n'est pas tout, vos employés du service client (comme des autres services) sont eux aussi soumis à la crise et sont eux aussi stressés. Il faut donc les rassurer également. Chaque crise est différente, mais les actions que vous mettrez en place doivent se faire prioritairement pour rassurer clients et employés sur le thème qui génère l'angoisse dans la crise en cours.

Prenons l'exemple de la crise du Covid19 : la crise n'est pas seulement économique, mais aussi sanitaire, et devant les chiffres alarmants, beaucoup angoissent. Pour gérer une telle crise, il faut mettre en place diverses actions sur le terrain pour rassurer clients et employés :

1) mettre en place toutes les mesures nécessaires pour garantir la santé et la sécurité des employés comme des clients. Si c'était une crise essentiellement financière, ce serait rassurer les employés sur le maintien des emplois et proposer des facilités de paiement à vos clients.

2) Soyez suffisamment souple et avoir suffisamment confiance dans ses employés pour accepter de mettre en place le travail à distance. Ainsi, si le service client se fait au téléphone sur des plateformes d'appel, pourquoi ne pas permettre à chaque employé de faire la même chose de chez soi ? Il faudra bien sûr résoudre des problèmes techniques, mais ce n'est pas insurmontable.

3) Quand le télétravail n'est pas possible, rassurez les employés qui seront au contact des clients en leur expliquant quelles procédures précises seront à suivre pour leur garantir une sécurité sanitaire parfaite.

4) Rassurez les clients, leur expliquer qu'ils ne prennent aucun risque sanitaire, car telle ou telle mesure a été prise.

5) Apprenez de la période de crise et améliorez-vous pour préparer le futur. Imaginons que le service client au téléphone d'une ait été mis en place en télétravail, contraint et forcé. L'analyse des résultats sera importante : peut-être n'y a-t-il eu qu'une perte minime d'efficacité par employé, voire pas de perte ? En ce cas, il sera possible, grâce à cette expérience, d'envisager d'embaucher des personnes au service client téléphonique en télétravail. D'une part, cela facilitera l'embauche future, car le lieu d'habitation des candidats ne sera plus une contrainte, d'autre part, cela diminuera la nécessité d'investir dans les locaux nécessaires pour accueillir les salariés.

Bien entendu, toutes les crises ne sont pas des crises sanitaires, mais le principe va rester le même : mettre en place des actions qui vont rassurer vos employés comme vos clients en ciblant sur le point de la crise qui génère les craintes, frustrations et angoisses.

INTERAGIR AVEC LES CLIENTS EN PÉRIODE DE CRISE

Durant les périodes de crise, les interactions avec les clients sont amenées à changer.

Tout d'abord, le mode d'interaction avec le client est amené à changer, en particulier si les interactions se font généralement en face à face. Deux raisons peuvent l'expliquer :

- Première raison : dans le cas particulier du Coronavirus, il n'est plus possible de rencontrer les clients en réel et il faudra s'y prendre autrement.

- Deuxième raison : les périodes de crise nécessitant de réduire les coûts, mettre en place un relationnel client au téléphone ou par visioconférence peut être envisageable.

L'enjeu des périodes de crise est de maintenir le contact avec ses clients, qu'ils soient en BtoB ou en BtoC. Si la crise est une période difficile pour tous, c'est aussi une opportunité d'interaction, car cela permet de lui demander comment il va en cette période de crise et de lui demander si vous pouvez faire quelque chose pour lui. Cela permet d'engager une conversation qui n'est pas immédiatement connectée aux produits ou services que vous vendez. Cela correspond en réalité à une technique d'approche dite de « pied dans la bouche ».

Le principe de la technique du pied dans la bouche est de parler d'abord d'autre chose que du sujet principal. Par exemple, lors d'une vente de cookies au bénéfice d'une œuvre de bienfaisance, un test sur 120 personnes a montré que si le solliciteur demande aux personnes auprès desquelles elle fait la quête :

– Comment allez-vous aujourd'hui ?

La personne répond par la positive en général, et le solliciteur lui dit :
– Je suis content que vous alliez bien.

Le pourcentage d'acceptation d'achat passe de 10 % à 25 %.

Ce qu'il y a d'étonnant, c'est qu'il n'est pas nécessaire d'engager une conversation longue pour générer l'effet du pied dans la bouche.

Dans tous les cas, et même si vous espérez que votre client réponde par la positive, demandez-lui si vous pouvez faire quelque chose pour lui.

Puis pensez à rassurer votre client en lui indiquant que vous poursuivez vos activités.

Faites attention à ce que le ton que vous adoptez reste dans la même tonalité que celle qui doit représenter votre marque ou votre entreprise. Ne faites pas de modifications marquées qui pourraient créer de l'incompréhension auprès de vos clients. Par exemple, si votre ton de communication est très humoristique, vous devez continuer dans le même registre. Si au contraire, vous avez un ton très formel, vous devez continuer sur ce même ton.

Toutes ces interactions vous permettront de mieux connaître la situation de vos clients, leurs besoins du moment, et vous pourrez peut-être les aider, bien sûr avec vos produits ou services, mais peut-être aussi en les mettant en relation avec des personnes de votre réseau qui puissent les aider si vous ne le pouvez pas.

Rappeler tous ses clients est généralement plutôt faisable dans des activités en BtoB. Si vous travaillez en BtoC, cela ne sera pas possible.

Vous allez donc devoir interagir par les réseaux sociaux. En cas de situation aussi pénalisante que la crise du coronavirus durant laquelle vos clients ne peuvent plus travailler, ou ont du temps, essayez de leur apporter de l'information utile en rapport avec la situation, mais sans jamais apporter d'information anxiogène : soyez positif et divertissant. Pourquoi ne pas être anxiogène ? Car cela aura un effet négatif pour votre entreprise qui sera alors associée à des émotions négatives. En effet, il a été constaté qu'une publicité télévisée vue dans le contexte d'un film angoissant associait la marque à un sentiment négatif. N'hésitez donc pas à relayer des informations positives, surtout si vous pouvez y associer un lien, même un peu lointain, avec votre activité.

Si votre activité a complètement été arrêtée pendant la crise, préparez l'après crise, essayez de créer une tribu. Imaginons un magasin de jardinage ayant une boutique en plein centre de Paris et n'ayant pas le droit de rester ouvert. Réfléchissez à la façon de créer une communauté autour de cette boutique. Que veut votre client type Parisien en centre-ville ? Avoir de belles plantes à la maison et de belles jardinières de balcon. Profitez de l'absence d'activité pour créer des contenus qui vont aider vos clients à atteindre leur objectif. Si vous y êtes légalement autorisé, tentez la distribution de tracts dans les boîtes aux lettres de votre quartier avec une accroche dans le style : « pendant cette période de crise, nous vous aidons à avoir les plus belles jardinières et les plus belles plantes d'intérieur de la ville ».
Et pour obtenir des conseils, demandez aux personnes qui se sentiront concernées d'aller sur votre site internet pour y laisser leur prénom et leur mail. Dès la reprise de l'activité, vous pourrez envoyer un mail pour les inviter à planter telle ou telle plante ou fleur de saison, et vous pouvez leur proposer un atelier gratuit dans votre jardinerie. Une fois sur place, vous pourrez bien entendu fournir le matériel nécessaire.

En conclusion, en période de crise, faites des efforts pour communiquer plus encore avec vos clients, dites-leur d'abord que vous espérez que tout se passe bien pour eux avant d'interagir sur des sujets connexes à votre métier.

GÉRER LA VOLUMÉTRIE SPÉCIFIQUE À LA CRISE

Pendant une crise, il n'y a pas de formule magique sur la démarche à tenir, mais une logique de réflexion pour savoir quoi faire.

Imaginez-vous à la place de vos clients et imaginez ce que vous aimeriez qu'on fasse pour vous. Cela vous permettra de déterminer les objectifs que vous devez atteindre.

La conséquence est qu'il est possible que cela génère un surplus de travail, car les insatisfactions ou les inquiétudes des clients pourraient les pousser à vous contacter plus massivement, en particulier si leur métier ou le vôtre sont sévèrement impactés par la crise.

Cela peut vouloir dire que vous devez impliquer du personnel qui n'a pas l'habitude de travailler au service client, cela afin d'aider à la surcharge de travail.

Si cela ne suffit toujours pas, voici 3 façons d'interagir avec vos clients quand le volume de sollicitation explose et qu'il n'est même plus possible de répondre à tous au téléphone.

Utilisez des outils numériques que vous pouvez faire mettre en place rapidement par des prestataires. Par exemple, utilisez le Chat ou les messageries instantanées qui permettent à une personne du service client de traiter plusieurs demandes en parallèle. Cela vous aidera à améliorer la capacité de réponse aux clients sans pour autant augmenter les coûts.

Essayez de réduire l'interaction directe personne à personne en proposant en priorité aux clients d'interagir avec des chabots, sorte de robot intelligent pour les demandes simples. Aujourd'hui, les chabots peuvent traiter non seulement des demandes simples telles que des demandes sur les horaires de réouverture, de localisation des points de vente, mais également des choses plus complexes grâce à des algorithmes qui analysent le langage. En effet, il existe même des robots capables de décrypter les émotions humaines et de réagir en fonction de cela (on parle alors de robots conversationnels émotionnels). Ces technologies ne sont toutefois pas encore totalement au point, et dans l'urgence, il est préférable de laisser traiter aux robots des demandes simples.

Enfin, ne négligez pas les courriers électroniques. En effet, il est possible de robotiser une partie de la messagerie du service client et réduire les temps de réponse grâce à des robots de messagerie. Ces robots comprennent le langage humain, comprennent l'objet, le contexte et repèrent les informations importantes du mail.

Ils peuvent ensuite modifier une adresse dans le fichier client, renseigner sur l'état d'une commande, ou toute autre information importante pour votre client. De façon générale, toute tâche répétitive peut être programmée.

Enfin, ces robots sont parfois dotés d'une intelligence artificielle qui leur permet de progresser au fur et à mesure que le personnel de votre service client interagit par mail.

Vous pouvez taper « robot de messagerie électronique » dans la recherche Google pour trouver des outils de traitement automatique des mails.

En conclusion, plutôt que de priver certains clients de contact avec le service client à cause du trop grand volume de demandes, modifiez les modalités d'interaction et focalisez-vous sur des moyens qui accéléreront les temps de réponse.

RÉPONDRE À UNE AUGMENTATION DE L'INSATISFACTION

Les périodes de crise s'accompagnent d'une augmentation des insatisfactions des clients : livraison retardée, réparation non effectuée, délai non tenu… Comment répondre à cette augmentation de l'insatisfaction ?

Première priorité : écouter les clients. Il est probable que vous ne soyez pas responsable des problèmes que rencontrent vos clients à cause de la crise que vous subissez, mais cela, le lient mécontent ne le sait pas forcément. Vous devez donc écouter vos clients et reconnaître leurs problèmes. Dans des périodes de crise aussi exceptionnelles que celle du coronavirus, les irritations et frustrations des clients n'aboutissent pas forcément sur une réelle insatisfaction à condition que vous écoutiez, que vous disiez que vous comprenez l'insatisfaction et qu'en suite, vous montriez que vous faites tout votre possible.

En effet, à l'impossible nul n'est tenu, et si vous expliquez pourquoi vous n'avez pas réussir vos engagements, il y a de fortes chances qu'on ne vous en tienne pas rigueur.

Par exemple, évitez ceci :

- Bonjour, je n'ai toujours pas reçu ma porte-fenêtre et je ne peux pas commencer mon chantier !
- Que voulez-vous qu'on y fasse ? On travaille en effectif réduit !

Préférez plutôt la réponse :

- Je comprends votre mécontentement. Nous avons essayé de livrer un maximum de portes, mais nous avons été obligés d'arrêter la production à cause du confinement et plus aucune porte-fenêtre n'est produite en ce moment. Nous avons prévu de mobiliser nos équipes dès le déconfinement pour produire au plus vite et vous livrer dès que cela sera physiquement possible.

L'exemple que je viens de donner correspond à la crise du coronavirus, mais ce sera la même logique à adopter, quel que soit le type de crise : même si vous n'arrivez pas à résoudre le problème de votre client, vous devez lui montrer que vous faites le maximum, mais que ce maximum est limité par les mesures exceptionnelles dues à la situation de crise. Si votre client n'est pas au courant de la crise, faites de la pédagogie et expliquez-lui.

Enfin, si vous avez mis en place des programmes de fidélité ou que vous avez vendu vos prestations sous forme d'abonnement, il semble légitime de la part de vos clients de demander des aménagements : allongez la validité des programmes de fidélité, prolongez un abonnement à votre salle de sport, ou prolongez la validité de certains coupons de réduction. En effet, n'oubliez pas que les programmes de fidélité et les abonnements fonctionnent si les clients sont satisfaits : inutile d'en gâcher le bénéfice en créant de la frustration supplémentaire à une situation déjà difficile.

En conclusion, en période de crise, il vous faudra faire de la pédagogie fasse à une insatisfaction client légitime : vous devrez expliquer que vous faites votre maximum et vous devrez rassurer vos clients sur la poursuite de vos activités.

GÉRER LES ANNULATIONS ET LES IMPAYÉS

C'est l'horreur absolue : des clients avaient signé, mais la crise ne vous permet pas de réaliser la prestation telle que décrite dans le contrat. Cela peut aussi être l'inverse : des clients qui veulent annuler massivement : que ce soit la crise du coronavirus, des attentats dans la zone touristique dans laquelle ils voulaient se rendre ou encore une marée noire sur la côte où ils voulaient se rendre.

La première chose à analyser est de voir si vous êtes dans une situation de force majeure ou pas. En effet, la possibilité d'un empêchement de force majeure est souvent incluse dans les contrats même si on n'y fait pas forcément attention.

Depuis 2016, en vertu de l'article 1218 alinéa 1er du code civil, « il y a force majeure en matière contractuelle lorsqu'un événement échappant au contrôle du débiteur, qui ne pouvait être raisonnablement prévu lors de la conclusion du contrat et dont les effets ne peuvent être évités par des mesures appropriées, empêche l'exécution de son obligation par le débiteur

Bref, on peut dire qu'il y a force majeure si l'événement est extérieur à votre volonté et à celle de votre client, imprévisible au moment de la conclusion du contrat, et ne peut être évité par la mise en place de mesures appropriées, ce qui rend impossible la réalisation des obligations prévues par le contrat.

En cas de force majeure, comme pendant la crise du Covid, vous avez deux solutions : soit vous annulez le contrat de plein droit et c'est comme si vous ne l'aviez jamais signé (car vous estimez que vous avez plus de problèmes générés à honorer votre commande qu'à l'annuler), soit vous trouvez une solution avec votre client, et en particulier, vous essayez de décaler la prestation ou la livraison dans le temps.

La deuxième chose à regarder est la notion de délai d'annulation de contrat, il est possible qu'il y ait une clause dans votre contrat.
Prenons l'exemple d'un hôtel dont le client voudrait annuler un séjour 3 jours avant de venir, car il y a eu une marée noire. Si le contrat de location indique que l'annulation doit se faire une semaine avant au

minimum, la location est due, car la prestation peut être effectuée, même si une plage durant une marée noire n'a plus aucun intérêt.

Au-delà de l'analyse précise des clauses des contrats qui vous diront si vous avez le droit ou pas d'annuler un contrat, l'obligation ou pas de rembourser, vous devez aussi réfléchir à long terme. Vos clients sont-ils des clients réguliers ? Des habitués ? Ou bien votre business est-il surtout constitué de ventes en ONE-SHOT.
En étant cynique, si vous ne faites que du ONE-SHOT et que rien ne vous oblige de rembourser, vous pouvez décider de ne pas rembourser. Dans le cas où vous avez des clients fidèles, vous devez estimer la déception que vous allez générer si vous ne remboursez pas, et évaluer le risque de perdre ces clients pour le futur.

Enfin, concernant les paiements, les fortes crises génèrent deux types de réactions : les entreprises qui payent tous les fournisseurs le plus vite possible, et celles qui bloquent tous les paiements pour garder de la trésorerie. Il n'est pas possible de donner un conseil sur ce point si ce n'est que de noter que les non-payeurs en situation de crise sont perçus comme des profiteurs plutôt malhonnêtes. Imaginez les deux options et analysez ce qui vous fera perdre le moins sur le long terme.

En conclusion, il est difficile de donner des conseils sur la gestion des annulations et des défauts de paiement en période de crise, car certes, il y a la réalité contractuelle et le cas de force majeure qui entre en jeu, mais il y a également la qualité de la relation que vous voulez établir avec les clients, et vos décisions pourraient en décevoir certains, voir les irriter. Il s'agit donc de faire la balance des avantages et des inconvénients, chaque cas étant particulier.

4

DÉVELOPPER DE NOUVEAUX PRODUITS ET SERVICES DANS VOTRE ENTREPRISE

COMPRENDRE L'IMPORTANCE DE L'INNOVATION DANS LA SURVIE ET LE DÉVELOPPEMENT DE VOTRE ENTREPRISE

L'innovation est-elle toujours nécessaire ou bien peut-on se contenter de ce que font les autres ? Une étude de McKinseyQuarterly faite auprès de 9000 managers dans le monde porte sur ce qui permettrait de faire croître l'activité de leur entreprise. Aborde la question suivante : « Étant donné l'environnement compétitif, quelle est l'action la plus importante que pourrait prendre votre entreprise pour croître dans les cinq prochaines années : »

- Renouveler les produits actuels : 25 %
- Développer de nouveaux produits : 22 %
- Développer de meilleurs réseaux de distribution : 16 %
- Acheter des business déjà existants : 15 %
- Entrer sur de nouvelles zones géographiques : 14 %
- Diminuer les prix : 3 %

Si l'on considère que développer de nouveaux produits ne consiste pas seulement à faire des copies des produits concurrents, mais consiste plutôt à développer des nouveautés, on n'est pas loin de la moitié des réponses qui plébiscitent l'innovation. Avec 3 % de réponse, la baisse des prix, qui sous-entend une absence d'innovation, n'est pas envisagée comme une solution pour le futur.

Deuxième question qui est posée dans cette étude : « laquelle des compétences suivantes sera la plus importante pour faire croître votre business dans les cinq prochaines années ? »

- Première réponse : capacité d'innovation avec 43 %
- Deuxième réponse : capacité à trouver les meilleurs talents avec 25 %
- Et troisième réponse : capacité à manager une organisation globale : 17 %
- Les autres réponses ont des scores plus faibles encore.

La capacité à innover est clairement plébiscitée par tous les managers sur la planète, et être à la pointe de l'innovation est devenu un facteur obligatoire pour la croissance de son entreprise.

Alors certes, il faut innover, mais sur le fond, que veut dire innover ? Pour pouvoir répondre, revenons à la définition de l'innovation : c'est fondamentalement d'introduire de la nouveauté, c'est tout.

J'aimerais vous proposer une définition très personnelle de l'innovation, que je vais diviser en deux notions : l'innovation réussie et l'innovation inutile. L'innovation réussie est l'introduction de toute nouveauté dont les caractéristiques sont suffisamment intéressantes du point de vue des clients visés pour permettre à l'entreprise de gagner plus d'argent, quel qu'en soit le moyen. Toutes les autres innovations sont des innovations inutiles. En conclusion, d'après l'étude de McKinseyQuarterly, il semblerait qu'en dehors de l'innovation, il n'y a point de salut, mais méfiez-vous de votre propre définition de ce qu'est l'innovation.

DÉVELOPPER DES PRODUITS ET SERVICES SANS ARGENT

Avez-vous suffisamment d'argent pour vous lancer dans le lancement de nouveaux projets dans votre entreprise ? Vous êtes face à un paradoxe : sans innovation, vous mourrez, mais en même temps vous devez contrôler vos coûts. Si votre idée est de vous lancer dans un business qui nécessite des investissements massifs en outil de production avant même de commencer à vendre, la réponse est « non » ! Vous n'avez pas assez d'argent. Par exemple, si vous décidez que vous voulez concurrencer les entreprises comme Orange ou Bouygues sur la téléphonie parce que vous pensez que leur service client n'est pas assez bon, il vous faudra des centaines de millions d'euros voire des milliards. Vous pouvez déjà abandonner votre idée. Mais la question de l'agent est souvent une mauvaise question pour aborder le problème des nouveaux projets en entreprise, car il a été démontré que les supers-entrepreneurs se débrouillent généralement avec peu d'argent au départ, ou tout au moins avec l'argent qu'ils ont sous la main et qu'ils peuvent se permettre de perdre définitivement si le projet tournait au fiasco.

Des milliers de Startups lèvent des fonds, souvent des millions d'euros, et pourtant la très grande majorité échoue. Il n'y a donc pas de relation directe entre la quantité d'argent dépensé et la réussite ou pas d'une entreprise. D'ailleurs, une étude comparative empirique de couples de projets équivalents, financés ou pas par des capitaux risqueurs, a même montré que les entreprises financées massivement par du capital vont rapidement faire du chiffre d'affaires puis rapidement faire faillite. Parmi les explications, l'une est simple : le chiffre d'affaires augmente vite, souvent pour la seule raison que ces entreprises dépensent massivement de l'argent en communication, mais une fois que ces entreprises ont dépensé leur capital (ce qui arrive assez vite puisque quand l'argent tombe du ciel, on est plutôt tenté de le dépenser très vite), elles font faillite. À l'inverse, les entreprises qui ne sont pas financées vont avoir une croissance beaucoup plus lente, mais vont être beaucoup plus résistantes aux aléas économiques et à l'incertitude.

Et c'est là la difficulté : vous êtes une entreprise bien établie et vous avez des budgets, il vous faudra cependant apprendre à travailler avec moins d'argent car plus on en a, moins on y fait attention, et moins le résultat des nouveaux projets est convaincant.

Bien entendu, il ne faut pas négliger le rôle de l'argent et plus vous avez d'argent au départ, et plus les projets d'entreprises qui vous sont accessibles sont nombreux. Si vous avez des millions à investir, vous pouvez même attaquer frontalement des acteurs déjà présents sur un marché donné : par exemple, si vous voulez développer une application pour aider les entreprises à créer leur propre site internet, si vous avez 10 ou 20 millions d'euros à investir, vous pouvez embaucher une armée d'ingénieurs, de codeurs, et de designers pour créer un site concurrent à des sites comme Wix.com par exemple. Si vous avez peu ou pas d'argent, vos possibilités sont plus limitées, mais cela ne vous empêchera pas de développer un business qui peut être profitable à long terme.

En conclusion, même si votre entreprise a de gros budgets dédiés à l'innovation, il va falloir apprendre à dépenser beaucoup moins pour être obligé d'être plus ingénieux. Par contre, cela vous permettra d'accélérer les projets à des stades plus tardifs quand ils ont déjà prouvé leur potentiel économique. Si au contraire, vous avez des moyens limités dans votre entreprise, ne soyez pas inquiet, ce n'est pas forcément un obstacle à la création et au développement de nouveaux projets pour développer de nouveaux business. Il faudra juste développer des business compatibles avec vos moyens.

N'ÉCRIVEZ NI BUDGET NI BUSINESS PLAN EN TEMPS DE CRISE

En période de post-crise, vous n'avez pas le temps d'écrire des budgets ou des business plans qui de toute façon se révèleront faux pour toute ce que vous aurez prévu. Si vous pensez que c'est utile, qu'une étude a analysé ce qui s'est passé au moment de la création des plus grandes entreprises américaines :

- 60 % des fondateurs n'ont pas fait de business plan du tout.
- 65 % de ceux qui ont fait un business plan disent s'être fortement écarté du business plan, bref, ils ont fait autre chose.
- 12 % seulement de ceux qui ont fait un business plan ont fait un travail de recherche formel avant de créer l'entreprise. Pour la petite histoire, dans le fonds d'investissement dans lequel je travaillais, je lisais essentiellement des business plans de porteurs de projet qui avaient été accompagnés par des incubateurs. Leurs plans d'affaires n'étaient déjà pas forcément géniaux, mais quand en plus il n'y avait même pas un travail de recherche formel, le business plan pouvait être vraiment très médiocre ! Est-ce que cela veut dire que l'échec sera obligatoire ? Pas du tout.

Que peut-on en conclure ? Un bon document de type business plan ne garantit pas la réussite, tout comme un mauvais business plan ne garantit pas l'échec. Le facteur humain a une place importante dans le processus.

Non seulement il n'y a pas de lien de cause conséquence entre un bon business plan et la réussite, mais je vais aller plus loin : je pense que **rédiger consciencieusement un business plan peut avoir un effet négatif sur la réussite d'un projet**. Imaginez deux personnes avec le même projet en tête dans deux business unit d'une grande entreprise. Elles ont toutes les deux un an pour rédiger le business plan (et on va imaginer qu'elles ne peuvent pas se lancer dans le projet avant).

La première personne est très consciencieuse. Elle travaille 8 à 10 h par jour pour peaufiner au mieux son business plan, mieux comprendre le marché, le chiffrer, faire les prévisions de vente les plus précises possible. Elle va également planifier minutieusement, à l'aide d'un diagramme de GANTT les différentes étapes du projet. Tout a été prévu dans les moindres détails il n'y a plus qu'à commencer. Le projet est enfin lancé. Malheureusement dès les premières semaines du lancement, des choses ne se passent pas comme cela avait été prévu dans le business plan. Et là, c'est la panique. Le chef de projet est tétanisé, car rien de ce qui arrive n'est censé arriver. Et dans ces conditions, paniqués par l'écart inattendu entre la réalité et les précisions, beaucoup de chefs de projet vont abandonner.

Allons maintenant voir la deuxième personne. Elle n'est pas du tout consciencieuse. Elle a un an devant elle pour faire son business plan, mais comme elle a un problème de procrastination très prononcé, elle trouve mille raisons pour remettre au lendemain, puis au lendemain et ainsi de suite jusqu'à ce que, finalement, trois semaines avant la fin du délai, elle réalise, paniquée, qu'elle n'aura jamais le temps de faire un business plan correct. Dans les trois semaines qui lui restent, cette personne va rédiger ce qui peut ressembler à un business plan, mais elle n'est pas dupe : elle sait bien qu'elle a bâclé le travail et a du mal à croire elle-même à ce qu'elle a écrit. Vient le temps de lancer le projet : elle lance quand même le projet en conditions réelles et, au bout de quelques semaines, des choses imprévues surviennent. Comme la personne est consciente que ses prédictions ne sont absolument pas fiables, cette incohérence entre la réalité et les prévisions ne va pas la déranger plus que cela et elle va s'adapter à la réalité, ce que le premier chef de projet consciencieux aura eu du mal à faire.

Ce n'est pas qu'un business plan ne sert jamais à rien, mais c'est qu'il faut avoir conscience que ce n'est qu'un document de communication destiné à convaincre les investisseurs. Retenez qu'il n'y a pas de lien de cause conséquence entre un bon business plan et la réussite d'un nouveau projet.

CHOISIR ENTRE DEUX RISQUES : NE FAITES PAS LE MAUVAIS CHOIX

Bien que les super-entrepreneurs prennent peu de risques, ils subissent toutefois deux grandes catégories de risques et vous les subissez aussi quand vous développez un nouveau produit :

1) **le risque technique**. Il qui porte sur le développement du produit que vous voulez vendre. C'est un risque technique : vous n'êtes pas sûr d'arriver à développer le produit ou le service que vous aviez prévu.

2) **le risque de marché**. Ce risque correspond à une situation où vous ne savez objectivement pas s'il y aura des acheteurs pour ce produit.

Soyons clairs : se lancer dans le développement de nouveaux produits avec les deux risques en même temps est quasi suicidaire. Chercher des business à développer dans lesquels les deux risques sont faibles, c'est croire au Père Noël. Mais faut-il préférer prendre des risques sur le développement du produit ou un risque sur le marché ? Choisissez toujours un risque de marché faible même si le risque de développement du produit est important plutôt que le contraire. Il vaut mieux développer une offre pour des clients qui achèteront à tous les coups, plutôt que de développer un produit que vous n'arriverez ensuite pas à vendre dans le cas où il n'y aurait pas de marché. Dans la réalité, les entreprises qui visent des marchés risqués pour pouvoir développer des produits sans trop de risque sont nombreuses : ce sont celles qui ont de très grands moyens financiers et peut-être en faites-vous partie. Quand on a des millions d'euros à investir en R&D, on sait qu'on finira par obtenir un produit tel qu'on l'a imaginé. On investira alors massivement en communication pour les vendre, même si on n'est pas sûr de leur succès. Ce raisonnement est en fait parfait si on veut perdre beaucoup d'argent et perdre beaucoup d'argent.

Votre entreprise doit viser l'inverse. Quand vous vous lancez dans un nouveau projet, vous devez vous focaliser sur des projets avec un risque faible de débouché, même si le risque de développement est important. Et pour réduire le risque de marché, il faudra faire des tests en conditions réelles. Je vais aller plus loin : dans une démarche de développement, le but est de faire échouer les projets le plus vite possible. En effet, à quoi bon investir dans des outils de production, des équipes, si c'est pour découvrir au bout de deux ans qu'il n'y a pas le marché attendu ? Ainsi, dépenser 500 millions d'euros dans le développement d'un yaourt nature antirides vendu dans le rayon frais et dans un mini réfrigérateur dans la section cosmétique peut sembler logique, car à l'époque la cosmétofood semblait le marché de l'avenir. Malheureusement pour l'industriel, ce produit antirides n'a jamais marché et la cosmétofood n'a jamais décollé. Et pourtant, le projet aurait pu être mené pour mille fois moins cher !

FOCALISEZ VOTRE RÉFLEXION SUR LES PROBLÈMES DE VOS CLIENTS

J'ai une mauvaise nouvelle pour vous : une étude a montré qu'une idée de nouveau produit sur 3000 est un succès sur le marché. Cela veut dire que quand vous avez une idée, vous avez statistiquement toutes les chances d'échouer. Pourquoi autant de projets échouent-ils ? Une étude de 2004 a montré que la première cause d'échec du lancement des nouveautés est la difficulté de comprendre les attentes des clients. Quel que soit votre projet, vous devez toujours vous demander « **Pourquoi** les clients achèteraient mon produit, plutôt que celui des concurrents » et j'irai même plus loin, demandez-vous aussi « **Pourquoi** les clients achèteraient vos produits plutôt que de ne rien acheter du tout ». Se lancer dans le développement de nouveaux projets business juste parce qu'on a une idée est une mauvaise raison. Vous allez comprendre pourquoi le problème n'est pas là. Dans le film de science-fiction « le Cinquième élément », daté de 1997, on voyait le futur avec des voitures volantes et des navettes intergalactiques qui décollaient à la fréquence de la ligne 1 du métro parisien. Dans la réalité, aujourd'hui nous sommes loin des innovations incroyables qu'on avait pu imaginer à l'époque, et les entreprises qui ont réussi n'ont pas développé des choses incroyables, elles ont juste amené des améliorations notables dans la résolution de problèmes de la vie quotidienne.

Pour avoir de chances de réussir, plutôt que de chercher une idée, cherchez un problème à résoudre. Exemple de problème courant à résoudre : « — qu'est-ce qu'on va manger ce soir ? » Et c'est en résolvant mieux ce problème que d'autres que des sociétés de livraison de repas à domicile ont réussi. Autre exemple, AirBnB est une plateforme où on peut louer une chambre chez l'habitant.

Techniquement, c'est juste cela au départ, mais cela répond à un problème de fond :
« Où aller dormir quand je pars en voyage ? »
L'entreprise a commencé par l'angle minimaliste de trouver une chambre chez l'habitant, ce qui les a d'ailleurs rendus invisibles aux yeux de l'industrie hôtelière jusqu'à ce qu'AirBnB ait la taille critique pour devenir gênante. Aujourd'hui, c'est une énorme entreprise qui peut s'attaquer frontalement aux services de réservation des entreprises de l'hôtellerie. On trouve désormais tout sur ce site : chambres chez l'habitant, maisons entières, mais aussi chambres d'hôtel.

Quand vous réfléchissez non pas à votre idée, mais au problème que vous résolvez pour les gens, cela vous donne plus de flexibilité sur la façon d'aborder la résolution de ce problème et cela vous donne plus de flexibilité pour trouver des idées qui finalement fonctionneront sur le marché. Et de fait, si vous résolvez des problèmes importants pour les clients mieux que ne le font les autres, il y a toutes les chances qu'en grossissant vous soyez gênant pour des acteurs déjà présents sur le secteur. Si vous pensez que ce que vous allez faire va gêner quelqu'un, c'est plutôt bon signe.
Votre problème ne devrait pas être d'avoir des idées, parce que cela c'est en réalité plutôt facile d'en avoir, mais votre problème devrait être de trouver des problèmes à résoudre pour les gens, parce que c'est certes difficile à trouver, mais bien plus intéressant pour développer un nouveau projet. En effet, sachez qu'aucun de vos futurs clients ne s'intéresse à votre idée : vous ne trouverez des clients que si vous arrivez à résoudre des problèmes qui les empêchent de dormir ou qui les préoccupent. Tant que vous n'aurez pas identifié un problème à résoudre chez votre cible, vous n'arriverez pas à développer un produit ou un service qui se vende bien.

IDENTIFIEZ LES IDÉES À HAUT POTENTIEL

Partir d'une idée pour développer un nouveau projet est une mauvaise idée. Cela n'empêche pas qu'il y a quand même de bonnes idées et de mauvaises idées. Quand vous voulez développer un nouveau projet, méfiez-vous des idées que tous plébiscitent autour de vous. Si tout le monde dit que c'est fabuleux, c'est que l'idée est peut-être bonne, mais que tout le monde y a déjà pensé. Et donc elle a déjà où est déjà en train d'être développée par les grandes entreprises. Il y a quelques années, un porteur de projet est venu me présenter un projet : il voulait développer un gigantesque parc éolien et il avait écrit un business plan de 250 pages, très complet au niveau technique : il ne restait plus qu'à trouver 15 millions d'euros. C'était assez désolant. En effet, un parc éolien ne sera jamais créé par une personne seule, car résoudre le problème de l'énergie dans le monde est un problème pris à bras le corps par toutes les grandes entreprises du monde dans ce secteur. N'essayez pas de développer un nouveau projet sur un besoin trop évident et sur une idée que tout le monde trouvera incroyable dès que vous la présentez, car cela paraît peu crédible.

Viennent ensuite les idées moins évidentes qui ne font pas l'unanimité. C'est dans cette catégorie que se trouvent les business avec le plus de potentiel. En effet, comme l'idée ne semble pas convaincante au premier abord, elle reste en dessous du radar des grandes entreprises qui vont vous laisser travailler tranquillement sans vous gêner, car elles n'ont pas compris que vous pouvez leur poser un problème dans le futur.

Ainsi, l'appareil photo numérique, avec des résolutions de deux millions de pixels ou moins au départ, n'inquiétait pas vraiment l'industrie photo argentique. Créer un produit avec une aussi faible résolution paraissait une bien mauvaise idée. Qui pourrait bien acheter cela ? Tout simplement tous ceux qui s'intéressent peu à la photographie, mais veulent garder une trace d'un événement, d'un paysage, même si la photo n'est pas très belle. On connaît la suite.

L'idée qui vous mènera au succès est donc rarement une évidence. C'est une idée qui ne génère pas l'unanimité contre elle, ou le manque total d'intérêt. Certains aiment l'idée, d'autres n'en voient pas l'intérêt. Votre défi va être de savoir quelles seront les idées qui vont fonctionner sur le marché.

NE LANCEZ PAS DE PROJETS POUR RÉSOUDRE DES PROBLÈMES DU FUTUR

On aurait tendance à penser qu'il vaut mieux lancer des projets quand il n'y a pas trop de concurrents. En réalité, il n'y a pas vraiment de règles : parfois c'est vrai, parfois c'est faux. Quand Facebook s'est lancé, le réseau social MySpace avait déjà des centaines de millions d'utilisateurs. Quand Google a commencé, il arrivait derrière de nombreux autres sites de recherche internet, ce qui ne l'a pas empêché de réussir.

Il n'y a pas vraiment de bon moment pour lancer des projets, ou plutôt oui, le bon moment c'est maintenant. Cela dit il faut faire attention de ne pas vivre dans le futur. Que veut dire vivre dans le futur ? Il y a une dizaine d'années, un inventeur a imaginé que toutes les familles françaises seront équipées de cinq à sept téléviseurs dans les dix ans, et il a imaginé que le téléspectateur du futur voudra regarder son programme télévision tout seul dans son coin. Il va créer une entreprise pour vendre un boîtier permettant de visionner plusieurs programmes de télévision différents sur plusieurs postes différents dans une même habitation à partir d'une même source internet, par exemple le câble. La transmission du signal se fait via des prises électriques, grâce à la technologie du courant porteur en ligne. Son boîtier n'est pas brevetable, car le boîtier est un assemblage de sept modules déjà utilisés dans d'autres produits électroniques. Imaginons que notre inventeur trouve les moyens financiers nécessaires pour développer et commercialiser son boîtier et que le produit commence à avoir un succès phénoménal : qu'est-ce qui empêche des entreprises comme Philips, Siemens ou Sony de copier le produit ? Rien. Il suffit d'ouvrir le boîtier, voir comment il fonctionne, le copier et, grâce à la puissance financière de ces grands groupes de l'électronique, communiquer sur leur nouveau produit. La copie est donc un frein possible à une innovation non brevetable. Mais le vrai problème n'est pas là : le vrai problème est dans l'hypothèse de départ. Le créateur de l'entreprise se projette dans un futur à dix ans et imagine ce que sera l'usage de la télévision à ce moment-là.

Il y a plusieurs inconvénients cette approche :

– il faut tenir pendant dix ans en attendant que le marché apparaisse
– il faudra ensuite faire face à tous les concurrents qui vont arriver quand le problème sera réel
– et enfin et surtout il faut que le futur corresponde à ce qui avait été imaginé dix ans plus tôt, et que la solution imaginée dix ans plus tôt soit pertinente.

À l'époque où il imagine son projet, il est peut-être difficile de savoir que la 4G allait permettre à tous de visionner des vidéos sur les Smartphones. Il était également peut-être aussi difficile à l'époque d'imaginer les changements d'habitude de consommation : aujourd'hui beaucoup de jeunes ne regardent plus la télévision, mais consomment du contenu vidéo directement sur internet, souvent via leur Smartphone.

En conclusion, le bon moment pour lancer un projet c'est bien maintenant. Par contre, focalisez-vous sur des problèmes à résoudre dès aujourd'hui même si vous vous projetez dans le futur pour imaginer des solutions innovantes.

IDENTIFIEZ DES PROBLÈMES SIGNIFICATIFS

Quand une entreprise rate un nouveau projet, il est possible de trouver des dizaines de raisons différentes :
– le manque de moyens
– des clients mauvais payeurs
– un mauvais recrutement de chef de projet
– et de nombreuses autres raisons encore.
Mais en réalité, il ne faut pas se voiler la face : quand une entreprise échoue, c'est surtout parce l'entreprise fabrique et vend un produit ou un service qui n'a pas de valeur ajoutée. Le projet a peut-être été créé sur une idée qui séduisait la direction générale au départ, mais les chefs de projet en charge du développement ne s'intéressant qu'à l'idée et non aux problèmes que le produit ou le service résout, ils ont raté le marché. Certains produits peuvent même fonctionner pendant une période donnée, mais les évolutions des attentes des clients peuvent aussi le rendre obsolète. Des entreprises qui s'intéressent aux

problèmes des clients plutôt qu'à leurs produits ont plus de chance de réussir et survivre dans la durée, car ils vont s'adapter aux besoins des clients.

Quand on réfléchit en se focalisant sur la résolution des problèmes plutôt que sur les idées ou les solutions, on arrive à se faire une idée de l'importance de ce problème ou pas. Je vais vous donner un exemple de problème important : quand on vit dans un pays qui a été en guerre, de grandes surfaces du pays peuvent être minées avec des mines anti personnelles. Et pendant des années, des habitants exploseront sur ces mines. Les engins de déminage classiques sont de grosses machines avec des chaînes qui tournent à toute vitesse pour faire sauter les mines — et ils coûtent cher. Or, après une guerre, un pays n'a pas forcément les moyens de se payer de telles machines de déminage. Il n'en reste pas moins que le problème est ici très important : comment éviter que les habitants n'explosent pas sur des mines, perdent des membres ou meurent ?

Un jeune ingénieur originaire d'Afghanistan, Massoud Hassani, a voulu résoudre ce problème, et il s'est inspiré des boules de végétaux secs qui roulent dans le désert américain et qu'on voit souvent dans les westerns. Il a développé une sphère faite de bambou, acier et plastique qui se déplace grâce à la force du vent : cet engin de déminage qui coûte 40 $ s'appelle Mine Kafon. Il est moins efficace qu'un engin de déminage classique, mais il permet de déminer un terrain quand le vent est suffisant et que les habitants de ces régions ont la patience de faire faire plusieurs trajets à l'engin. Le produit est loin d'être parfait, mais le problème à résoudre est tellement important, que le produit ne peut être que bien accueilli. Si ce projet a commencé en 2011 avec ce seul objet de déminage en forme de sphère, Mine Kafon continue cette activité de déminage à laquelle il a été rajouté l'utilisation de drones.

En conclusion, si vous trouvez des problèmes qui comptent pour les gens, vous vous donnez des chances de réussir, ce qui n'est pas possible si vous résolvez des problèmes insignifiants. Cela semble évident dit comme cela, mais ce n'est pas forcément ce qui se passe sur le terrain.

PARTEZ DE L'EXPÉRIENCE DE VOS EMPLOYÉS OU DE LA VOTRE

Il y a peu, j'accompagnais un groupe d'étudiants dans un projet qui devait résoudre le problème suivant : « Les jeunes parents, quand ils vont avoir un premier enfant, vont devoir passer beaucoup de temps à choisir et acheter du matériel pour le bébé : un lit, des couches, et des meubles. On va leur résoudre ce problème ».

Ce groupe d'étudiants a estimé que les parents n'auraient pas le temps pour tout cela et qu'il fallait leur simplifier la vie en proposant, via un site internet, un « pack » qui inclut un lit, une table à langer, des couches, une poussette et tout le matériel de première nécessité pour un nouveau-né.

Malheureusement, AUCUN de ces étudiants n'avait jamais été parent et aucun d'entre eux n'avait été confronté à faire ce genre d'achat dans la vraie vie. Ils ont donc créé un projet entrepreneurial sur le fantasme qu'ils avaient de ce que devaient ressentir des parents. Bien sûr qu'il y a besoin d'acheter du matériel à la naissance d'un enfant, mais acheter tout cela peut faire partie du processus consistant à devenir parent. Par ailleurs, pour acheter ce matériel, les futurs parents veulent pouvoir ce qui leur convient le mieux sans qu'on leur impose un choix dicté d'avance.

Évitez cette erreur : pour trouver l'inspiration, partez de votre propre expérience, vos propres besoins ou vos propres envies, ou éventuellement celles de vos proches. Ainsi, le fondateur d'Instagram utilisait l'appareil photographique Holga sur les conseils d'un professeur d'art et cet appareil lui permettait de faire des photographies ayant un style rétro. C'est cette expérience personnelle qui l'a inspiré à développer une application mobile qui permet de donner un aspect rétro à ses photos avec des filtres spécifiques : Instagram qui était un projet personnel est devenu ce qu'on en connaît. Pourquoi tant de succès ? Car cette application mobile résolvait un problème important pour des millions de gens : faire de belles photos et des selfies avantageux avec leur téléphone mobile (ce qui est difficile sans les filtres Instagram à cette époque).

Il est déjà difficile de comprendre son propre comportement d'achat. Il devient quasiment impossible de comprendre les enjeux dans des secteurs d'activité pour lesquels on n'a aucune expérience. Quand vous cherchez à évaluer des idées de projets, cherchez d'abord des problèmes à résoudre dans votre propre vie et dans celle de vos proches, éventuellement dans des secteurs d'activité dans lesquels vous avez déjà travaillé ou que vous connaissez bien. Essayez d'éviter des secteurs d'activité pour lesquels vous n'avez aucune connaissance et pour lesquels vous n'avez aucune expérience, à moins d'aller sur le terrain et discuter avec votre cible potentielle pour comprendre les problèmes que vous pouvez résoudre.

NE CROYEZ AUCUNE ÉTUDE DE MARCHÉ

Vous venez de trouver une excellente idée, ou mieux encore, vous avez repéré un problème spécifique à un marché de niche et vous voulez maintenant tester votre idée en conditions réelles avant de développer commercialement un projet au sein de l'entreprise. Vous avez raison. Il serait dommage de se lancer dans un chantier aussi gros que celui du développement d'un nouveau projet sans être sûr qu'il y a un marché en face.

Pour valider son idée, il est généralement recommandé de faire une étude de marché. Le problème est que cela ne marche pas : cela ne marche pas parce que tout le monde ment. Cela ne discrédite cependant pas toutes les études de marché, mais celles dans lesquelles on interroge les gens : si par exemple, votre étude de marché repose sur l'analyse du comportement des gens en conditions réelles, vous pouvez croire les résultats, car vous n'interrogez pas les gens, vous les observez. En ce sens, le retraitement des bases de données, le big data, pourrait apporter des informations intéressantes.

Fondamentalement, quel est le problème des études de marché tel qu'elles sont habituellement faites ? Présentez votre idée à vingt personnes. Sur ces vingt personnes, imaginons que dix personnes trouvent l'idée très intéressante. Jusque-là, tout va bien et vous vous dites que vous pouvez toucher 50 % du marché. Maintenant, fixez un prix pour votre idée et dites aux dix personnes intéressées qu'elles peuvent l'acheter immédiatement : vous vous rendrez compte que, tout d'un coup, l'intérêt chute brutalement et vous pouvez vous retrouver dans une situation où personne ne veut acheter.

Il faut faire très attention à ce que les gens vous disent et à ce que disent les études de marché, car l'écart entre ce que les gens disent et ce que les gens pensent est gigantesque. Le pire, c'est encore quand quelqu'un à qui vous présentez votre projet vous dit que cela ne l'intéresse pas, mais qu'il imagine très bien d'autres gens être intéressés. Quand vous en serez à la millième personne qui vous dit cela, après plusieurs mois à essayer de convaincre, vous regretterez d'avoir perdu autant de temps pour rien. Ne vous intéressez donc qu'à ceux qui se sentent directement intéressés par ce que vous proposez, et plus particulièrement si ces personnes acceptent d'acheter quand vous le leur proposez.

En conclusion, ne croyez jamais les gens sur parole et ne vous mentez pas à vous-même, le produit ou le service que vous développez ne doit pas seulement plaire quand on en parle, il doit aussi être acheté.

COPIER L'EXISTANT

La copie pure

Il est important de se différencier des concurrents pour pouvoir vendre des produits à forte valeur ajoutée. Cela pousse à chercher des idées qui n'ont jamais été développées, et créer des produits sans aucun équivalent. Cela peut toutefois être très risqué, car le risque de ne pas trouver sa cible est alors très important. Il existe une autre solution : au lieu de chercher des idées innovantes, vous pouvez essayer de trouver des idées innovantes inventées par d'autres, mais pour lesquelles vous pensez qu'elles sont mal mises en œuvre ou que des choses pourraient être améliorées. Vous faites alors un copier/coller d'une idée qui vous plaît. Par exemple, il existait beaucoup de sites de recherche sur internet avant que se lance Google, ce qui n'a pas empêché Google de réussir. Parmi les facteurs de réussite de Google, on peut citer la prise en compte du phénomène psychologique de dilution d'objectif. La dilution d'objectif est un phénomène psychologique qui consiste, pour un client, à considérer qu'une chose qui fait quelque chose et quelque chose de plus, le fait moins bien que quelque chose qui ne fait qu'une seule chose. Par exemple, le succès des combis TV-DVD est très mitigé, car les personnes pensent qu'une télévision qui incorpore un lecteur de DVD et probablement une télévision de moins bonne qualité qu'une télévision qui ne fait que cela, et a sûrement un DVD qui est un peu moins bon qu'un DVD qui ne fait que DVD. Par conséquent, au lieu d'acheter un combi TV DVD, les gens préfèrent acheter une télévision et un lecteur de DVD séparément. À une époque où tous les sites de recherche sont des portails, c'est-à-dire qu'il y avait certes la barre de recherche, mais également des dizaines d'autres informations, Google est apparu comme le spécialiste. Pourquoi ? Car un site internet qui ne fait que de la recherche est, aux yeux des utilisateurs, meilleur pour la recherche qu'un autre site qui fait de la recherche sur internet et plein d'autres choses. Bien entendu, ce n'est qu'un des éléments qui a fait le succès de Google à l'époque et il ne s'agit pas pour vous de devenir le futur Google, mais n'hésitez pas à vous inspirer de toutes les nouvelles entreprises qui se créent sur des thématiques qui peuvent vous intéresser et pour lesquelles vous avez des compétences particulières. Copiez et profitez d'un marché en croissance. Et si vous n'arrivez pas à trouver des idées à copier dans votre pays, vous pouvez aller regarder ce qui se fait à l'étranger. Attention cependant à vérifier que l'idée n'est pas protégée par un brevet, et pensez à adapter la formule au goût ou aux habitudes locales.

Un grand avantage de la copie d'entreprises déjà existantes est la possibilité d'observer et d'analyser ce qui a été fait pour ne pas reproduire les mêmes erreurs et pour gagner du temps dans le développement de votre projet. Grâce à internet, vous pouvez même suivre l'évolution de jeunes projets en les repérant sur les plateformes de crowdfunding : le projet va-t-il trouver de l'argent ? Si oui, combien ? Et que va-t-il se passer dans les premiers mois qui suivent leur financement ?

Si la copie pure et simple de ce que font les autres vous paraît saugrenue, sachez qu'un incubateur berlinois, le Rocket internet, copie depuis plus de dix ans les sites internet qui fonctionnent le mieux. Par exemple, CityDeal est leur version de Groupon, qui a tellement bien marché que Groupon les a rachetés pour 126 millions de dollars. Zalando est leur version de Zappos, avec plus d'un milliard d'euros de chiffre d'affaires.

Ne vous gênez pas si vous vous sentez inspiré, car il est parfaitement légal de s'inspirer d'un modèle existant. Par contre, méfiez-vous des brevets et du droit d'auteur : ne reprenez jamais le texte d'une autre entreprise et n'imitez pas un logo ou une marque, car cela pourrait être perçu comme de la contrefaçon. Vous avez donc intérêt à choisir un nom très différent, un logo très différent, et un texte clairement différent. Par ailleurs, ne faites jamais référence à la société que vous copiez dans les documents de communication que vous utilisez.

L'adaptation de l'existant pour augmenter les chances de succès

S'il est parfois possible de faire une copie parfaite de ce que font d'autres entreprises en misant sur sa capacité à aller plus vite et être plus agressif commercialement, certaines idées méritent d'être modifiées plutôt que copiées à l'identique. Les modifications que vous allez y apporter peuvent alors porter sur le business modèle. Le business modèle est la manière dont une organisation peut créer, délivrer et recueillir de la valeur. En d'autres termes, il définit la manière dont votre organisation gagne de l'argent. Ce business model canvas est une représentation graphique qui montre comment s'organisent les différents flux de votre entreprise. Dans le cas d'une création d'entreprise, il est préférable de définir le business model dès le début de l'activité, voire même avant de commencer. En effet, quand le business model canvas n'existait pas, le business plan d'un projet devait permettre d'expliquer le business modèle, et cela représentait parfois plusieurs dizaines de pages. Grâce au business model canvas, tout est visualisable graphiquement sur une seule page.

Bien que le point central du business model soit votre valeur ajoutée, que ce soit un produit ou un service, d'autres éléments importants vont influencer votre réussite. Voici quelques exemples de changement de business modèles qui permettent de se réapproprier les idées des autres :

- Copiez une idée pour l'adapter à une niche différente de la niche originale. Par exemple, des entreprises proposent des abonnements à des box-surprises contenant des échantillons de cosmétiques. C'est une idée qui a été copiée avec des thématiques aussi différentes que les bijoux de créateurs, la lingerie, le vin. En s'adaptant à une niche différente, on évite la compétition frontale avec l'entreprise d'origine
- Reprenez une idée et changez la manière de vendre. Une fois par semaine, un food-truck qui vend des crêpes vient s'installer sur le parking d'une école de commerce. Cela permet aux étudiants d'avoir une proposition de repas

différente de la cantine habituelle. Au lieu d'avoir un lieu physique, ce restaurant ambulant peut proposer ses services à différentes écoles ou universités, avec un risque faible de créer de la lassitude chez le consommateur.

- Changez complètement la proposition de valeur. En 2002, une entreprise canadienne a développé des outils pour un jeu de rôle en ligne où les joueurs voyagent dans une carte numérique, fabriquent des choses et interagissent avec d'autres joueurs pour leur acheter ou vendre ces choses. Parmi ces outils, il y avait un **outil de partage de photos** qui est devenu populaire dans le jeu. L'entreprise a focalisé ses efforts sur ce partage de photo qui marchait le mieux, et c'est devenu Flickr, une plateforme de partage de photos qui a été rachetée par Yahoo en 2005.

Il y a en réalité de nombreuses façons de modifier un business modèle, et il n'y a pas de règle qui donne la bonne solution : c'est à vous de voir comment adapter l'idée d'un autre pour vous l'approprier.

N'IGNOREZ PAS LE POTENTIEL FINANCIER DE L'ERGONOMIE

Quand vous créez une entreprise, vous avez tout intérêt à créer une valeur ajoutée particulière : c'est-à-dire quelque chose de nouveau (d'innovant donc). Si l'on pense technologie quand on pense à innovation, il ne faut pas ignorer les innovations ergonomiques. Qu'est-ce que l'ergonomie ?

« L'ergonomie est l'ensemble des connaissances nécessaire pour concevoir des outils, des machines, et des dispositifs qui puissent être utilisés avec le maximum de confort, de sécurité et d'efficacité. »

Vous pouvez donc améliorer un produit déjà existant en le rendant plus facile et plus simple à utiliser. Parfois, un tout petit détail peut faire la différence. Imaginons que vous soyez éleveur. Pour nourrir vos animaux, vous devez acheter des sacs de granulés qui sont toujours vendus dans un format 50 kg. Or, il est difficile pour une personne seule de transporter 50 kg. Si une entreprise propose le même produit dans des sacs de 10 kg au lieu de sacs de 50 kg, il y a toutes les chances que, toute chose étant égale par ailleurs, l'utilisateur préfère les sacs les plus faciles à transporter. Ce genre de petit détail peut permettre de s'imposer sur un marché sur lequel il y a déjà des concurrents. Si vous arrivez en plus à inclure et prendre en compte des phénomènes psychologiques dans l'ergonomie des produits que vous développez, vous pouvez donner envie aux utilisateurs potentiels d'acheter votre produit plutôt que celui d'un concurrent. Par exemple, quand vous voulez acheter un produit sur Amazon, vous aurez noté que vous avez des recommandations faites par d'autres clients associés à un nombre d'étoiles qui vous donne visuellement un score de confiance dans le produit en question. Cela peut paraître un tout petit détail, mais ce sont ces recommandations qui ont le plus d'impact sur la façon dont Amazon gagne de l'argent, et c'est pour cela que la technologie nécessaire pour les gérer est très importante. En effet, ces recommandations jouent sur un des deux moteurs les plus puissants de la décision d'achat : l'envie et la peur (et ses dérivés). Ce petit détail d'ergonomie va pousser les personnes à passer à l'acte d'achat tout simplement en diminuant la peur de faire une erreur.

Vous devez donc innover, mais vous n'avez pas forcément besoin de révolutionner un secteur d'activité. Parfois, travailler uniquement sur l'ergonomie des produits est suffisant pour créer une valeur supérieure à celle apportée par les concurrents.

5

LA LOGIQUE PROCÉDURALE POUR DÉVELOPPER DE NOUVEAUX PRODUITS À BUDGET RÉDUIT ET SANS RISQUE

GENÈSE DE LA LOGIQUE PROCÉDURALE ET MYTHES

La rédaction d'un budget prévisionnel ou d'un business plan est interdite

Avec une idée sur trois mille qui est un succès sur le marché (publication dans Research Technology Management), le risque d'échec est important et cela veut dire que quand vous avez un nouveau projet, vous avez statistiquement toutes les chances d'échouer. Ce n'est pas très encourageant. Pourquoi autant de projets échouent-ils? Une étude de 2004 a montré que la première cause d'échec du lancement des innovations est la difficulté de comprendre les attentes des clients.

Quel que soit votre projet, vous devez donc toujours vous demander « Pourquoi les clients achèteraient-ils mon produit plutôt que celui des concurrents? » et j'irai même plus loin, demandez-vous « Pourquoi les clients achèteraient mes produits plutôt que de ne rien acheter du tout? »

–Imaginons que vous créez une startup : vous entrez dans un incubateur, et, dans la grande majorité des cas, vous allez commencer à rédiger un Business Plan.

– Si vous travaillez dans un grand groupe industriel, vous aurez plus ou moins une démarche du même type puisque vous serez amenés à rédiger un document pour convaincre la direction générale de financer un nouveau projet.

Bien que la rédaction d'un business plan, ou de quelque chose qui y ressemble, est quasi systématique, **est-ce que la rédaction d'un bon business plan permet de mieux réussir?** Aux États-Unis, il a été analysé ce qui s'est passé au moment de la création des 500 plus grosses entreprises américaines.

– 60 % des fondateurs n'ont pas fait de business plan du tout

– 65 % de ceux qui ont fait un business plan disent s'être fortement écarté du business plan. Bref, ils ont fait autre chose.

– 12 % seulement de ceux qui ont fait un business plan ont fait un travail de recherche formel avant de créer l'entreprise. Pour la petite histoire, dans le fonds d'investissement dans lequel je travaillais, je lisais essentiellement des business plans de porteurs de projet, qui avaient été accompagnés par des incubateurs. Leurs plans d'affaires n'étaient déjà pas forcément géniaux, mais quand en plus il n'y a pas un travail de recherche formel, le résultat pouvait être abominable ! Est-ce que cela veut dire que l'échec sera obligatoire ? Pas du tout.

Que peut-on en conclure ? **Il n'y a pas de lien de cause conséquence entre un bon business plan et la réussite d'un nouveau projet**. Attention, cela ne veut pas dire qu'un business plan ne sert à rien, c'est même un document de communication quasi obligatoire, MAIS, il n'y a pas de lien de cause conséquence entre un bon business plan et la réussite dans un nouveau projet.

La genèse de la logique procédurale

Un chercheur américain, Saras Sarasvathy, s'est intéressé à la façon dont les entrepreneurs réussissent. Pourquoi certains réussissent-ils et certains ne réussissent pas ? Y aurait-il une méthode magique de l'entrepreneuriat ? On pourrait essayer d'analyser les méthodes utilisées par des porteurs de projet ou de jeunes startups, mais ce chercheur a préféré s'intéresser à la façon dont des experts gèrent les projets. Comment peut-on dire que c'est un expert ? Très simple : il s'agit de vingt-sept entrepreneurs qui ont déjà réussi. Ils ont été recrutés dans son étude, et elle les a observés. Ces vingt-sept entrepreneurs ont été choisis sur les critères suivants : ils sont partis sans argent et sans aide et ils ont développé des business qui font au minimum 500 millions de dollars par an. Quand leur façon de gérer les projets a été analysée, on constate que la façon dont ils gèrent les projets n'est pas du tout la méthode enseignée dans les écoles de commerce, les écoles d'ingénieurs, les universités et que cela ne correspond pas aux méthodes employées dans les structures d'accompagnement de l'innovation comme les incubateurs.

L'analyse du comportement des super-entrepreneurs va casser un certain nombre de mythes de l'entrepreneuriat et cette analyse va générer une nouvelle façon de fonctionner. **La logique procédurale** est une méthode de gestion des projets qui permet de développer de nouveaux projets sans risque et avec des moyens réduits. Petit point de vocabulaire : le nom anglais pour la logique procédurale est le mot « **effectuation** », mais dans ce livre, nous parlerons le plus souvent de logique procédurale. Cette logique procédurale va s'opposer à la logique classique qu'on appelle **la logique causale**. La logique causale, classique, est basée sur le postulat suivant : « Dans la mesure où nous pouvons prédire le futur, nous pouvons le contrôler ». C'est exactement ce qu'est un business plan. Si je travaille pendant plusieurs mois sur un business plan, que je fais un travail de recherche très précis et que j'affine mes prévisions, le pari est que plus mes prévisions seront précises, plus j'ai de chances de réussir. C'est pour cela qu'on travaille beaucoup sur le business plan avant de se lancer. Si on veut être très précis, on peut aussi utiliser des logiciels de gestion de projet pour faire des diagrammes de Gantt, car ils permettent de planifier très finement un projet.

La logique procédurale est très différente, elle est basée sur le postulat suivant « **dans la mesure où nous pouvons contrôler le futur, nous n'avons pas besoin de le prédire** ». On verra plus précisément plus tard ce que veut dire contrôler le futur, mais on peut déjà voir une différence par rapport à la logique causale. Les super-entrepreneurs n'essayent pas de prévoir le futur, ce qui leur permet d'ailleurs de ne pas se tromper sur leurs prévisions : normal, ils ne prévoient pas.

Les mythes du développement produit

Il existe plusieurs croyances sur l'entrepreneuriat qui se sont révélées être des mythes.

Mythe 1 : il est nécessaire d'être extraordinaires dans les prédictions. Étant donné la définition de la logique procédurale, je vous rappelle que « dans la mesure où nous pouvons contrôler le futur, nous n'avons pas besoin de le prédire », il y « nous n'avons pas besoin de le prédire ». Cela explique pourquoi les super-entrepreneurs ne font pas d'erreurs dans leurs prévisions : ils n'en font pas !

Mythe 2 : pour entreprendre dans un grand groupe ou une entreprise, il faut beaucoup d'argent. Et ce n'est pas grave, car vous en avez...
Qu'on soit dans une grande entreprise ou qu'on veuille créer son entreprise, personne n'envisage de se lancer dans un nouveau projet sans s'assurer, au préalable, des moyens financiers, souvent importants, qui permettront d'atteindre son objectif. Nous verrons dans le deuxième principe de la logique procédurale qu'on peut

travailler avec peu d'argent, et il est parfois mieux de ne pas avoir d'argent mais **du pouvoir de décision** !

Mythe 3 : lancer de nouveaux projets, c'est prendre des risques.
Cela on le sait ! On l'entend partout à la télévision : les entrepreneurs sont des preneurs des risques. Ce que montre la recherche est assez choquant puisqu'elle nous montre que les super-entrepreneurs ne prennent pas de risque : ceux qui prennent des risques sont ceux qui échouent. C'est très contre-intuitif, mais il est vraiment possible de développer de nouveaux projets sans risque.

Mythe 4 : les chefs de projet et les entrepreneurs ne sont pas des gens comme les autres, ils ont un don particulier.
La question qui est en réalité posée est : y a-t-il un don à la naissance qui permet à certains d'être des bons entrepreneurs tandis que les autres seraient voués à l'échec ? Ce n'est pas forcément illogique : si vous naissez avec l'oreille absolue et que vous travaillez le violon, vous arriverez peut-être à devenir violoniste professionnel d'un niveau international ; par contre, si vos parents ne vous offrent pas le don de l'oreille absolue à la naissance, ce sera très compliqué. Il semble que la réponse soit négative : il n'y a pas un don inné particulier pour réussir un nouveau projet, et c'est plutôt une bonne nouvelle.

Mythe 5 : Les entrepreneurs sont des visionnaires
Les entrepreneurs sont des visionnaires, tout le monde sait cela. D'ailleurs, quand des entrepreneurs qui ont réussi font une présentation dans une école de commerce, tout le monde a envie de leur demander :
– Mais, comment saviez-vous, à l'époque, ce qu'il fallait faire ?

Nous allons voir que l'entrepreneur visionnaire est un mythe et non une réalité. Premier exemple : en 1975, un écrivain, Gary Dahl, publie un livre « the care and training of your pet rock », ce qui donne après traduction « comment élever et s'occuper de votre caillou de compagnie ». Au lieu de vendre son livre de façon classique, le livre est vendu dans une boîte en carton avec de la paille dedans et un caillou. En quelques mois, l'auteur va devenir millionnaire. Cet exemple est critiquable, car on peut considérer qu'il ne s'agit que d'un coup commercial.

Voyons comment s'est développé Walmart. Le supermarché américain Walmart a été créé par Sam Walton et Sam Walton a commencé sa carrière en ouvrant une épicerie. Comme il n'avait que peu d'argent, il n'avait pas les moyens d'ouvrir l'épicerie de ses rêves, celle du centre-ville avec une jolie décoration et des meubles avec des tiroirs en bois massif. Il va donc ouvrir son épicerie en banlieue, probablement un peu désabusé de ne pas pouvoir avoir la super-épicerie de centre-ville de ses rêves. Peut-être même qu'en s'installant, il pense mettre de la pelouse sur la vilaine dalle de béton qui recouvre le terrain sur lequel se trouve son épicerie. Mais, les premiers clients qui viennent en voiture lui disent : « Au moins chez vous on peut se garer ! Nous avons voulu faire nos courses au centre-ville, impossible de trouver une place ! » Et comme Sam Walton n'a pas vraiment une idée préconçue de ce que doit être son épicerie, il décide d'aller dans le sens des remarques de ses clients. Il décide de ne pas mettre de pelouse, mais au contraire d'en faire un parking pour rendre son épicerie plus facilement accessible. Et c'est très important à l'époque, car c'est la période à laquelle les Américains commençaient à avoir massivement des voitures, et à les utiliser pour faire les courses. Puis, il a continué sur le même état d'esprit. Il a écouté ce que lui disaient les clients, et a adapté son mode de fonctionnement à ce que les clients désiraient avoir. Ainsi, l'origine du succès de Sam Walton est qu'il avait peu d'argent. Il n'a pas eu d'idée géniale ni de vision du futur. Au lieu de vouloir imposer à ses clients sa vision de ce que devait être une épicerie (ce qu'il aurait probablement fait s'il avait eu les moyens de s'acheter l'épicerie de ses rêves), il ne va faire que s'adapter aux attentes des clients, petit à petit. Là où cela devient très intéressant, c'est ce qui pourrait se passer 40 ans plus tard : on est dans une école de commerce américaine, Sam Walton est l'invité vedette d'une conférence. Évidemment, tous les étudiants aimeraient avoir le succès de Sam Walton et tous ont en tête la même question...
– Comment avez-vous su, il y a 40 ans, que c'est ce qu'il fallait faire ?
Sam Walton a alors deux façons possibles de répondre.
La première version pourrait être « — C'est un peu un coup de chance, c'est tombé sur moi, mais c'était inéluctable. L'équivalent de Walmart aurait émergé de toute façon six mois, un an ou deux ans plus tard. J'ai juste eu la chance que ce soit moi ».
Ou alors, la deuxième version de la réponse : « — à l'époque, les Américains commençaient à s'équiper de voitures, et ils avaient de plus en plus de difficultés de trouver où se garer dans les centres-villes.

J'avais anticipé qu'il serait plus commode de rouler jusqu'en banlieue si l'on est sûr de trouver une place de parking, que de chercher une place en ville. »

À votre avis, laquelle des deux histoires a-t-il le plus de chances de raconter ? La première version est impossible parce que c'est une version en contradiction de ce qu'est le rêve américain : « si vous voulez, vous pouvez », or, dire que la chance a fait une grande partie du travail est difficilement admissible parce que sinon, cela voudrait dire que, même si on veut, parfois on ne peut pas. Et cela, ce n'est pas compatible avec le rêve américain.

Il est donc plus que probable que ce soit la deuxième version de l'histoire qui soit racontée. Et cette deuxième histoire va avoir tendance à entretenir le mythe de l'entrepreneur visionnaire.

Ainsi, bien que de nombreuses personnes soient convaincues qu'il est nécessaire d'avoir une idée brillante avant de se lancer dans un nouveau projet, la réalité, n'est pas aussi simple. Très souvent, la réussite est moins conditionnée par une vision et une idée de génie que par la façon dont les managers ou les créateurs d'entreprise vont s'adapter à un environnement changeant. Il n'est pas nécessaire d'avoir une idée géniale dès le départ. Bien sûr il faut quand même une idée de départ, mais cette idée va évoluer au fur et à mesure des événements. Parfois, un succès peut être dû à un coup de chance, mais souvent, il s'agit d'un processus d'amélioration continu de l'adéquation de son idée de départ à la réalité du marché. Autre élément à retenir, l'argent n'est pas toujours indispensable à la réussite, même si bien sûr cela facilite beaucoup les choses.

Ne cherchez pas des idées, cherchez des problèmes.

Combien de fois n'a-t-on pas entendu quelqu'un dire : j'aimerais bien créer mon entreprise, mais je n'arrive pas à trouver d'idée. En fait, nous avons tous vingt idées par jour, mais elles vont passer au filtre inconscient de certaines questions :

- Est-ce que j'ai envie de développer mon idée ?
- Est-ce que je suis capable de développer mon idée ?
- Est-ce que mon idée est techniquement faisable ?

- Et enfin, est-ce que cela vaut financièrement la peine d'être fait ?

Et une mauvaise idée pour l'un, peut être une bonne idée pour un autre. Par exemple, si vous êtes allés dans un WC public, peut-être vous est-il arrivé la même chose qu'à moi : vous vous êtes lavé les mains avec la serviette en papier et vous voulez la jeter à la poubelle. Et la poubelle est une poubelle avec un clapet et un ressort. Donc bien sûr, vous appuyez sur le clapet avec le papier, parce que vous ne voulez surtout pas toucher l'affreuse poubelle des WC publics, et vous enlevez la main au plus vite. Et là, le ressort est tellement rapide, que le papier est éjecté hors de la poubelle. Et vous vous rendez compte que la poubelle est entourée de papiers, et que l'intérieur de la poubelle est vide. Et là, vous vous dites : quel est l'idiot qui a inventé cette poubelle, même-moi je ferais mieux. Mais vous oubliez immédiatement cette l'histoire : vous n'allez pas créer un projet pour développer une nouvelle poubelle pour WC public, cela ne vous intéresse pas. **Mais**, si vous êtes étudiant dans une école de commerce, que vous ne trouvez pas de stage et que votre père est le patron de Rentokil, l'entreprise qui équipe de nombreux WC public : votre père vous prend en stage pour vous dépanner et vous dit de vous débrouiller pour le sujet. Vous décidez de créer la poubelle idéale pour les WC public, en collaboration avec un designer de l'entreprise. Ainsi, créer une poubelle de WC publics peut être un projet, mais pour une seule personne, dans un seul contexte et à une seule période de sa vie. En fonction de qui on est, et des moyens à dispositions, une idée peut être un projet ou pas.

Il n'est pas nécessaire d'avoir une idée géniale pour commencer un business, cela étant dit, il est préférable de partir d'une idée intéressante que d'une idée standard. Quelle doit être la base de départ de votre réflexion ? N'oubliez jamais que ce que vous voulez, c'est des gens prêts à payer vos produits ou vos services. Pourquoi quelqu'un serait-il prêt à payer votre produit ou votre service ? Parce que ce que vous proposez résout un problème chez votre prospect. Ce qu'il est très important de comprendre, c'est que contrairement à ce qu'on entend tout le temps, on ne peut pas créer le besoin, par contre, on peut créer l'envie d'acheter notre produit ou notre service plutôt qu'un autre, mais dès lors que quelqu'un a déjà un besoin.

COMPRENDRE LA LOGIQUE PROCÉDURALE

L'allégorie de la recette de cuisine.

La logique de développement de projet classique s'appelle la logique **causale**. C'est celle qui est enseignée partout. Pour comprendre la logique procédurale, il vaut mieux s'y prendre en plusieurs étapes et nous commencerons en nous éloignant du business pour s'en rapprocher par la suite. La première étape est de l'état d'esprit de la logique procédurale en prenant un exemple très éloigné du business. Nous sommes samedi, et vous avez décidé d'inviter des connaissances à dîner, connaissances que vous ne connaissez pas trop bien.

La logique causale : comment cela se passerait-il si l'on suivait une logique causale ?

Il est 10 h du matin, vous ouvrez un livre de cuisine et vous choisissez la recette qui vous plaît le plus, vous avez la liste des ingrédients et vous partez faire vos courses dans une grande surface. Une fois les courses faites, vous revenez, et, parce que la recette que vous avez choisi de faire nécessite de faire mijoter la préparation pendant trois heures, vous commencez la préparation vers 14 h. Étant donné qu'il n'y a pas d'argent dans l'histoire, comment va-t-on évaluer la réussite ou l'échec du projet ? Comme il n'y a pas d'argent, on va mesurer votre frustration. Si vous êtes frustrés de ce qui vous arrive, le projet a échoué, si au contraire, vous êtes content de la situation, c'est que le projet a réussi.

Première situation, vers 15 h, il se met à neiger des flocons gros comme le poing. Vos invités vous appellent et vous disent « désolé, il neige trop, on ne peut pas venir ce soir ». Zut ! Vous êtes déçu d'avoir fait autant d'efforts pour rien : frustration, échec du projet.

Deuxième situation, il ne neige pas, mais vos invités, avant de venir sont allés faire des courses. Et afin de ne pas venir les mains vides, ils ont acheté des gâteaux apéritifs en quantité, des boissons. Quand ils arrivent chez vous, il y a une sorte de quiproquo sur le poulet rôti qu'ils ont acheté pour eux, mais qui finit sur la table basse avec les apéritifs. Bref, on mange, on boit, on mange encore, on boit de nouveau. Or, il se trouve que vos invités font partie de la catégorie de personnes qui arrêtent de manger quand elles n'ont plus faim. Au moment de passer à table, on vous dit « désolé, nous n'avons vraiment plus faim ». Vous êtes frustrés d'avoir fait des courses et fait autant d'efforts pour rien : échec du projet.

Troisième situation, il ne neige pas, les invités ne viennent pas les mains chargées d'apéritifs et de nourriture, mais, ils sont fans de l'émission TV « un dîner presque parfait ». Pour ceux qui ne connaissent pas, il s'agit d'une émission dans laquelle les gens s'invitent mutuellement à un repas et se donnent des notes sur différents critères, le but étant de critiquer les autres un maximum pour avoir une chance de gagner. Bref, le sel est trop salé, les fourchettes trop pointues, les assiettes trop rondes, l'huile trop grasse et la nappe, trop nappeuse. En fait, vos invités sont venus chez vous comme au restaurant ! Vous êtes frustrés d'avoir fait autant d'efforts pour cette bande de sans-gêne égoïste et désagréable, et ce n'est pas demain la veille que vous les inviterez de nouveau. C'est là, encore un échec du projet.

Quatrième situation : il ne neige pas, les invités n'ont pas fait de courses avant et ils ne sont pas fans de l'émission « un dîner presque parfait » : tout se passe bien et le projet est une réussite.

Comme vous le voyez, il y a de nombreuses possibilités d'échecs, et là où c'est encore plus frustrant, c'est que vous n'avez pas particulièrement fait d'erreurs : les échecs sont dus à des choses indépendantes de votre volonté.

La logique procédurale : comment s'y prendrait-on en utilisant la logique procédurale ?
Première étape, au lieu d'ouvrir un livre de cuisine, on ouvre son réfrigérateur et l'on regarde ce qu'il y a dedans. Malheureusement, vous découvrez que votre réfrigérateur est quasiment vide, un peu comme illustré dans l'image qui suit :

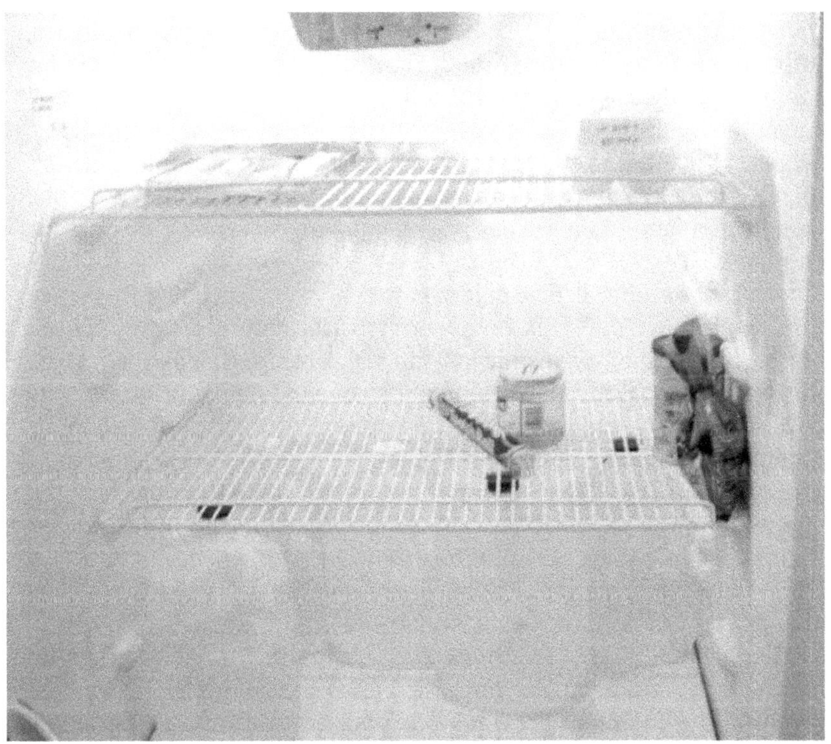

Ce réfrigérateur correspond à peu près à un réfrigérateur d'étudiant : on y trouve des œufs, du fromage râpé, de la pâte à tarte, du beurre de cacahuète, du chocolat au Daim (pour ceux qui ne connaissent pas, c'est une sorte de caramel recouvert de chocolat) et on a dans le bas du réfrigérateur, trois bidons d'eau gazeuse et deux bidons de vodka. L'idée est alors de se demander : « qu'est-ce que je vais pouvoir faire avec cela ? » Pour l'apéritif, cela va être simple : cela sera eau gazeuse ou vodka. Pour le plat principal, ce sera omelette au fromage pour tout le monde. Pour ce qui est du dessert, on sait que les gens aiment bien manger, gras, sucré et salé en même temps, et on va donc faire une tarte de beurre de cacahuète recouverte de chocolat au daim fondu. Par conséquent, on est le matin, il est 10 h, vous ne partez pas faire des courses et vous faites d'autres choses : vous regardez la télévision, vous tricotez, vous bouquinez,...

Première situation : à 15 h il neige des flocons gros comme le poing, les invités vous appellent pour vous dire qu'ils ne peuvent pas venir. Ce n'est pas bien grave, on remet cela à une autre fois, et d'ailleurs, peut-être que vous essayerez de faire plus d'efforts la prochaine fois. En tout cas, il n'y a aucune frustration.

Deuxième situation : il ne neige pas, mais vos invités sont allés faire des courses avant de venir, gâteaux apéritifs, boissons, poulet rôti : on mange, on boit, on remange, on reboit : et quand il faut passer à table, ils n'ont plus faim. Ce n'est pas grave, vous ne regrettez rien : pas de frustration.

Troisième situation : il ne neige pas, les invités ne viennent pas les mains chargées d'apéritifs et de nourriture, mais ils sont fans de l'émission « un dîner presque parfait ». Le repas se passe mal : ils détestent ce que vous avez cuisiné et ils vous le font remarquer d'une façon assez virulente. D'abord, on comprend pourquoi cela leur déplaît, mais finalement, on se dit qu'on les a démasqués ! Ils ne sont venus que pour la nourriture, comme au restaurant ! Et vous êtes bien contents de ne pas avoir passé du temps à cuisiner pour ces odieux personnages que vous ne réinviterez sûrement pas dans le futur. Là encore, pas de frustration : vous avez même réussi à démasquer vos connaissances à l'apparence si sympathique.

Quatrième situation : il ne neige pas, les invités n'ont pas fait de courses et ils ne sont pas fans de l'émission « un dîner presque parfait » : ils se moquent gentiment de vous concernant le repas, mais l'ambiance est quand même bonne enfant, cela se passe bien, et vous vous dites même que vous les réinviterez et vous ferez un effort plus important au niveau de la préparation du repas.

Là où cette histoire est intéressante, c'est que le projet n'est jamais un échec puisqu'il n'y a pas de frustration, mais par contre, l'épilogue de l'histoire est toujours différent.

L'exemple de l'étudiant sans argent qui ne voulait pas devenir millionnaire

Pour vous expliquer la logique procédurale, je vais prendre un exemple : un étudiant vient d'entrer en dernière année de son cursus d'ingénieur en informatique. On est en septembre et il découvre que les créateurs d'un célèbre jeu vidéo gagnent 100 000 € par jour. Alors il se dit « 100 000 € par jour ! Même pour moins, je suis prêt à lancer mon propre jeu », et il décide de créer un jeu pour mobile. L'étudiant veut absolument que le jeu soit publié sur l'Appstore d'Apple et non sur Android, car il sait que les utilisateurs d'iPhone sont plus susceptibles de payer les jeux que ceux qui utilisent Android. Entre septembre et janvier, il conçoit le jeu et le programme, grâce aux compétences qu'il a acquises dans son école d'informatique. Puis, il va se confronter à un problème qu'il n'attendait pas : pour que son jeu soit sur l'Appstore, il faut qu'il soit accepté par Apple. Il soumet son jeu, Apple le refuse en disant qu'il ne répond pas aux critères et qu'il faut retravailler les lignes de code. En fait, Apple vous dit, on prend ou on ne prend pas, mais sans donner d'indice sur le pourquoi. La réponse négative n'est pas définitive, on peut resoumettre son application. L'étudiant va alors se plonger dans la documentation Apple, aller sur des forums, soumettre de nouvelles versions de ce jeu et, à un moment donné, un éclair de génie le percute : il a compris ce que voulait Apple, il soumet sa dernière version du jeu qui est alors acceptée. On est en juin, et son avenir est radieux, puisqu'il va rapidement devenir riche. Quinze jours plus tard, il constate que son jeu n'a été téléchargé que deux fois : une fois par lui, pour voir si cela marche, et une fois par sa grand-mère qui a téléchargé pour lui faire plaisir. A priori, un échec total. Mais, l'histoire ne s'arrête pas là. Il cherche un travail en CDI, mais n'arrive pas à en trouver. Il décide alors d'aller voir les entreprises de la zone d'activités pas loin de chez lui et propose aux entreprises du coin de leur faire une application vitrine pour leur entreprise à prix cassé : 2000 €. Alors à cette époque, le tarif normal est de 10 000 € sans aucune garantie de convaincre Apple d'accepter l'application de l'entreprise sur l'Appstore. Très peu d'entreprises sont intéressées par sa proposition : en fait, une seule. Pourquoi cette entreprise accepte-t-elle la proposition ? Pour deux raisons : d'abord parce que ce n'est pas cher, ensuite, parce qu'on sait que l'étudiant est capable de faire passer une application sur l'Appstore : il l'a déjà fait pour son jeu. En effet, le tout premier acheteur a fait cet effort de se dire : certes, il a créé un jeu, mais la valeur ajoutée n'est pas dans la programmation, elle est dans la capacité à faire passer l'application sur l'Appstore. L'étudiant va programmer l'application vitrine pendant un mois, il réussit à faire passer l'application sur l'Appstore et, il encaisse les 2000 €. Problème : il n'arrive toujours pas à décrocher un travail. Alors, comme il se tourne les pouces, il va retourner voir les entreprises vues précédemment, mais également de nouvelles entreprises pour proposer de faire une application mobile, mais quelque chose va radicalement changer dans son discours.

Alors que la première fois, il racontait qu'il avait fait un jeu, il va maintenant prendre son Smartphone et dire aux entreprises : « regardez ce que j'ai fait pour telle entreprise ». Comme il y a un résultat visible, cela va concrétiser la proposition et cela va intéresser plus d'entreprises. Une deuxième entreprise va lui confier la même mission, mais avec une nuance. On lui dit « D'accord pour l'application vitrine, mais nous sommes monoproduit, donc on aimerait avoir la possibilité de vendre ce produit en ligne via notre application ». L'étudiant accepte : « Je suis d'accord, mais c'est une option qui vous coûtera 200 € de plus ». Et pour 2200 €, l'étudiant va, d'une part faire l'équivalent de l'application vitrine en trois jours au lieu d'un mois (car il réutilise toute la programmation déjà effectuée pour le premier client) et d'autre part, il va passer un mois à programmer l'option « vente en ligne ». Après cette mission, bien qu'il cherche toujours du travail, il n'en trouve pas et il continue donc de proposer ses services pour la création d'applications mobiles. Il va avoir de plus en plus de clients et va rajouter des options au fur et à mesure qu'on le lui demande : son projet va évoluer en fonction de ses envies et des besoins de ses clients.

On a très envie de croire qu'un jour, un ou deux petits génies du business et de l'informatique ont eu une idée géniale qui a marché du premier coup. Mais en réalité, c'est l'aboutissement d'une histoire qui a été influencée par les événements qui l'ont poussé dans cette direction et qui trouvent leur source dans l'échec du jeu que l'étudiant a créé la dernière année de ses études. S'il n'avait pas créé son jeu, cette histoire n'aurait pas pu avoir lieu.

LE DÉVELOPPEMENT D'UNE IDÉE PAR LA LOGIQUE PROCÉDURALE

Logique causale

Nous allons faire une analyse comparative du même projet mené de façon classique : la logique causale, puis, dans une autre partie, nous présenterons le même projet avec la logique procédurale.

Première version du projet : celle qui utilise la logique causale, classique.

Vous allez vous mettre dans la peau d'un étudiant français moyen : vous êtes partis en Amérique du Sud, et là-bas, vous avez vécu l'expérience culinaire de votre vie en mangeant une sorte de quiche incroyablement bonne. Vous êtes tellement convaincu par le produit qu'en rentrant en France, vous décidez que toute la France doit pouvoir manger quelque chose d'aussi bon : vous décidez de créer votre entreprise.

Pour que tout le monde puisse en profiter, vous décidez que le meilleur moyen, c'est de passer par la grande distribution (ce qui est logique). Vous allez rencontrer la grande distribution, vous vous renseignez sur ce qu'il faut faire pour être distribué et on vous explique tout bien comme il faut. Il faudra des lignes de production, des employés, des machines d'emballage automatique et tout un tas d'autres trucs. Votre estimation est que le projet vous coûtera 10 millions d'euros. Vous empruntez l'argent, et vous le dépensez pour faire tout ce qui est nécessaire pour être distribué. Une fois arrivé à la limite du zéro, vous êtes référencé dans toute la grande distribution (ce qui est une chance incroyable). Vous devriez commencer à vendre (comme vous l'aviez prévu).

Que fait la grande distribution ? Elle regarde si votre quiche incroyable se vend bien et si la rotation du produit est élevée. Malheureusement, il y a statistiquement peu de chance que cela arrive et il y a de fortes chances d'échouer. Vous êtes déréférencé et vous êtes maintenant un étudiant qui doit 10 millions d'euros. C'est pour cela qu'aucun étudiant ne crée jamais d'entreprise pour faire des quiches !

Le principe de la logique causale est de rechercher les moyens qui vont permettre d'atteindre un objectif fixé à l'avance.

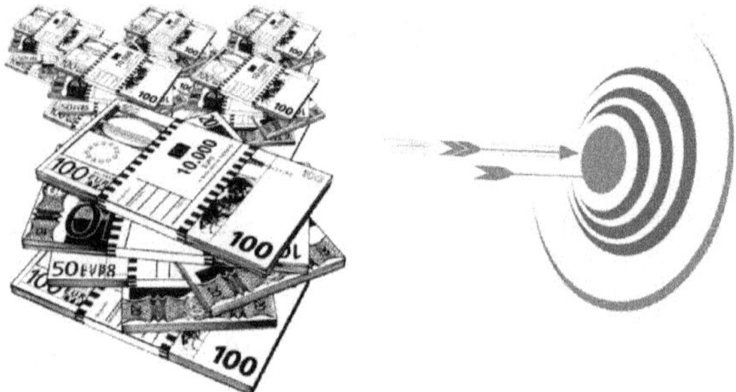

Ce que vous devez retenir, c'est que même si vous avez une idée que vous trouvez géniale, ou un produit que vous trouvez fabuleux, une planification précise de votre projet et sa parfaite exécution ne vous assurent pas la réussite. Et non seulement vous n'êtes pas assurés de réussir, mais votre optimisme peut vous coûter très cher, au point de ne pas pouvoir vous en remettre financièrement.

La quiche magique : logique procédurale

Si la gestion de projet classique est la logique causale, la logique procédurale permet de développer de nouveaux projets avec moins d'argent et moins de risque. Voyons comment l'histoire d'une quiche magique pourrait se dérouler si on suit une logique procédurale.

Après votre voyage en Amérique du Sud, vous rentrez en France et décidez de faire quelque chose. Vous ne savez pas encore exactement quoi faire, mais il se trouve que votre cantine du midi, c'est le restaurant en bas de chez vous qui est tenu par votre ami d'enfance. Vous allez voir ami d'enfance et vous lui dites « J'ai ramené une quiche incroyable d'Amérique du Sud, est ce que tu veux bien les vendre dans ton restaurant et moi, je les fais et je te les offre. Si tu les vends, tu peux même garder le chiffre d'affaires ».

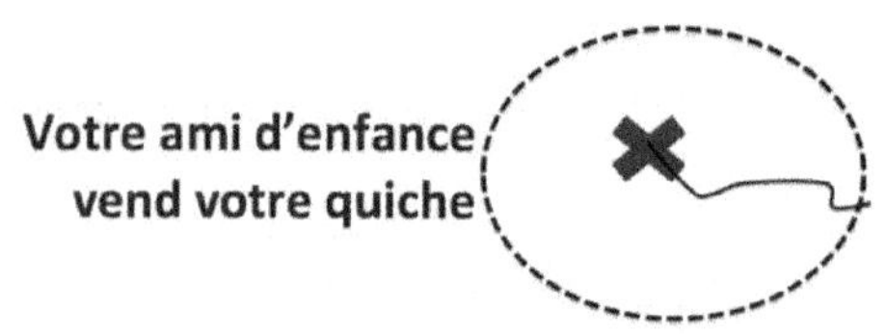

Il accepte. Pourquoi ? Parce que c'est votre ami d'enfance et qu'il veut vous faire plaisir. Quinze jours passent et on regarde le résultat. Première hypothèse, il vous dit « tous ceux qui ont acheté ont trouvé cela horrible ». Que fait-on ? On abandonne. Combien a-t-on a perdu dans l'histoire ? Disons, 20 € de farine, huile et autres ingrédients. Deuxième hypothèse, il vous dit « cela a très bien fonctionné et les gens ont adoré. Certains même ont demandé si on pouvait en acheter pour emporter. » Ces informations sont de nouveaux moyens à votre disposition pour continuer le projet. De nouvelles possibilités s'offrent à vous.

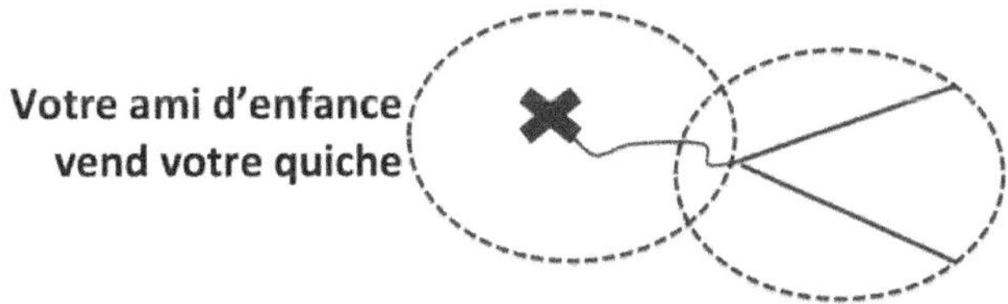

Vous pourriez vous lancer dans la création d'un site internet pour les vendre en ligne, c'est une première possibilité, ou vous pourriez proposer votre quiche dans d'autres restaurants.

VOCABULAIRE

Chose intéressante, les auteurs de la logique procédurale ont décidé de supprimer le mot « décider ». En effet, prendre une décision sous-entend qu'il peut y avoir de bonnes on de mauvaises décisions ; et ces bonnes ou mauvaises décisions sont jugées en fonction de leur pertinence par rapport au but à atteindre. Or, durant la logique procédurale, on ne se fixe pas un but à atteindre au départ. Donc, le verbe « décider » est assez inapproprié. On va le remplacer par l'expression « dessiner un futur ». Et « dessiner un futur » sous-entend qu'il n'y a pas de bonne ou de mauvaise décision (nous verrons, par contre, qu'il peut y avoir des futurs rationnels ou irrationnels)

Il se trouve que vous n'êtes pas attirés par internet et vous décidez de proposer votre quiche aux restaurants de votre quartier. Contrairement au cadeau fait à votre ami, vous n'offrez pas les quiches aux restaurateurs, vous les vendez au prix coûtant et vous arrivez à convaincre trois restaurants cuisine française, un Italien, un kebab et un Grec.

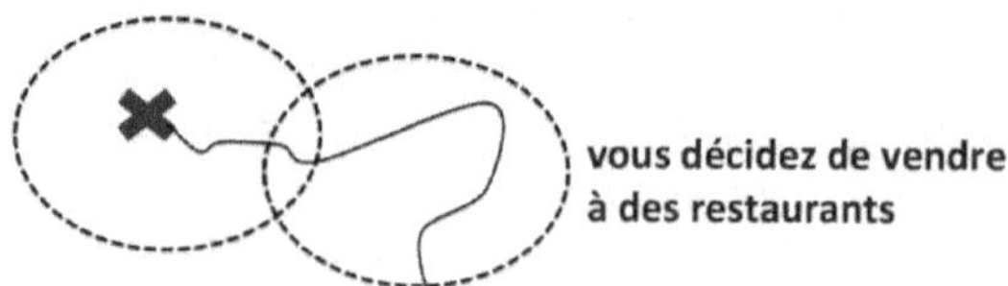

Pourquoi ces restaurants acceptent-ils alors qu'on sait pertinemment qu'ils n'auraient jamais accepté si vous étiez allé les voir directement ? Parce que vous avez des preuves, des chiffres qui montrent que les quiches se sont déjà vendues. À cette étape-là, vous investissez dans un four à 150 €, car votre four unique n'est plus suffisant et vous fabriquez des quiches. Quinze jours plus tard, vous analysez la situation.

Première hypothèse : cela a bien fonctionné, mais seulement dans les restaurants « cuisine française », pas du tout dans les restaurants moins onéreux. Du coup, grâce à cette information et aux nouveaux chiffres que vous avez obtenus durant cette phase du projet, vous vous dites que vous allez vous focaliser uniquement sur les restaurants cuisine française.

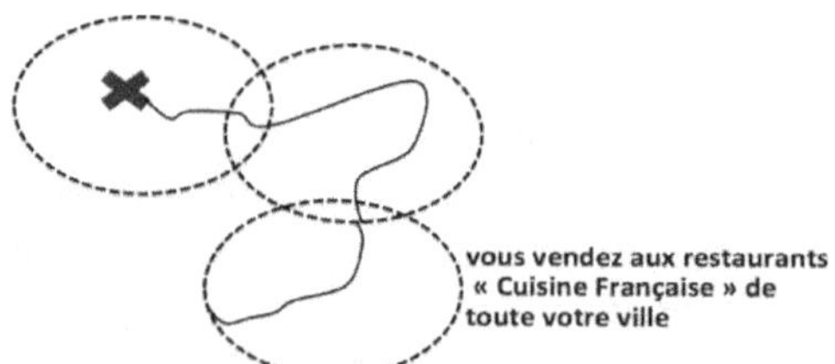

Deuxième hypothèse : c'est un échec total, cela ne marche nulle part. Pourquoi cela a-t-il marché chez votre ami d'enfance ? Justement, car c'est votre ami d'enfance : il voulait que cela marche pour vous et il a poussé les clients à la consommation. Mais maintenant, en conditions réelles, chez des restaurateurs qui ne sont pas là pour vous faire plaisir, on doit se confronter à la réalité : cela ne marche pas bien, rien n'a été vendu. Que fait-on ? On arrêt l'activité, on revend le four sur un site de petites annonces et on aura eu dépensé dans les 200-300 €. Bilan : la logique causale a fait perdre 10 millions d'euros, contre 300 € si l'on suit la logique procédurale.

Quand on perd, on gagne quand même

Le projet n'a pas le succès escompté et vous n'arrivez pas à vendre votre produit. Il ne faut pas oublier qu'on apprend toujours de ces échecs comme des réussites.

Si vous avez décidé de vous lancer sur un projet de production de quiches, c'est que l'alimentaire vous intéresse. Si, parmi les futurs possibles, vous avez choisi de contacter des restaurants, c'est que ce milieu vous intéresse. Quand vous avez développé votre projet au sein de la ville, vous avez quand même gagné de l'expérience. Vous avez au minimum créé un réseau professionnel et appris des choses sur ce secteur. Ainsi, cette expérience va peut-être vous permettre d'obtenir un travail de commercial pour un industriel qui vend du matériel pour cuisines professionnelles. Vous pourrez argumenter que vous connaissez tous les restaurateurs cuisine française de la ville, vous savez comment ils sont équipés et vous savez qui est plus ou moins sympathique.

Autre possibilité, pendant que vous avez rencontré tous ces cuisiniers dans leurs restaurants, vous vous êtes rendu compte que tous râlent pour la même chose : le nettoyage de la cuisine après le service. En particulier, ils pestent contre les angles droits et les rainures entre les carreaux. Vous avez donc une information qui correspond à un profil d'attente client réel. Certes, vous allez laisser tomber la quiche que vous avez ramenée d'Amérique du Sud, mais vous allez proposer quelque chose de nouveau, cela s'appelle « pivoter ». Vous décidez de créer des baguettes en plastique à mettre dans les angles pour que les angles fassent une courbe et vous allez proposer de remplir et vernir les rainures entre les carreaux de la cuisine de façon à ce qu'elles ne puissent plus se salir. Vous créez vos prototypes et vous retournez voir les restaurateurs que vous avez déjà rencontrés. On peut très bien imaginer que, trois ou quatre ans plus tard, vous avez développé des produits qui facilitent la vie dans les cuisines professionnelles.

Dans la logique procédurale, on rebondit de façon positive sur les difficultés et on les utilise pour avancer dans un projet pour lequel, souvenez-vous en, on ne se fixe pas un objectif très précis au départ. Bien entendu, vous allez choisir de mener les actions qui vous semblent les plus pertinentes par rapport à la situation du moment et vous contacterez toujours les personnes qui d'après vous, auront le plus gros potentiel pour vous.

Chronologie procédurale causale

Nous avons opposé jusqu'ici les logiques procédurales et causales. Mais ce n'est pas parce que ces méthodes sont très différentes qu'elles sont incompatibles. C'est même le contraire. Il faut utiliser les deux méthodes, mais pas au même moment. Au tout début d'un projet, il y a incertitude, et c'est la logique procédurale qui doit être employée. Petit à petit, les différentes étapes d'un projet mené grâce à une logique procédurale vont diminuer l'incertitude, car des hypothèses commerciales auront été validées. Par exemple, on aura prouvé que les clients d'un restaurant sont prêts à acheter une quiche, et il a été possible de mesurer les quantités qui sont vendues.

Les logiques procédurales et prédictives se suivent

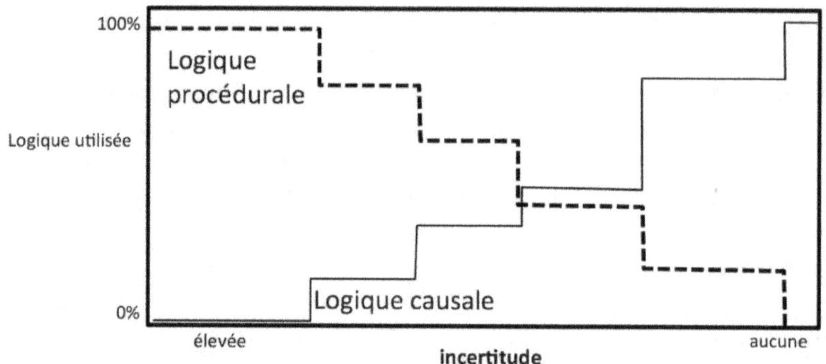

Plus on avance dans un projet, plus l'incertitude diminue, et plus l'incertitude diminue, plus le raisonnement classique causal va bien fonctionner. En effet, la logique causale est prédictive, et comme il n'y a plus d'incertitude, une logique prédictive est bien adaptée.

Donc, on commence par la logique procédurale, puis, petit à petit, on bascule vers une logique causale.

NOTIONS DE BASE DE LA LOGIQUE PROCÉDURALE

Partir des moyens à disposition

La logique procédurale cherche à imaginer des effets possibles à partir d'un certain nombre de moyens à disposition. On ne recherche pas les moyens pour atteindre un but, mais, en fonction des moyens à disposition, on choisit un but atteignable. La logique procédurale utilise donc les moyens à disposition pour avancer dans le projet. Cela veut dire que chaque cas est particulier puisqu'en fonction de qui vous êtes, vos moyens à disposition sont différents. Les moyens peuvent être financiers, mais pas forcément : pour un entrepreneur seul, cela peut être le carnet d'adresses, sa capacité à prendre son téléphone et convaincre des gens ou encore une compétence technique qui permette à cet entrepreneur de créer un prototype sans aide.

Pour un grand groupe, les moyens à disposition étant plus importants, le chemin parcouru dans les premières étapes pourra être plus important. Imaginons que vous êtes le manager d'une business unit d'un groupe international. Et ce groupe international vous accroît, chaque année, 20 000 € que vous pouvez dépenser comme bon vous semble sans avoir à justifier. Vous avez 20 000 € à disposition, mais ce n'est pas tout : vous avez bien d'autres moyens à disposition. Par exemple, vous pouvez essayer de convaincre des managers d'autres business units de vous aider pour votre projet, c'est aussi un moyen à disposition.

La **première règle de la logique procédurale** est qu'on doit partir des moyens à sa disposition pour commencer les projets et non pas rechercher de nouveaux moyens pour atteindre un but fixé à l'avance. On commence donc sans levée de fonds.

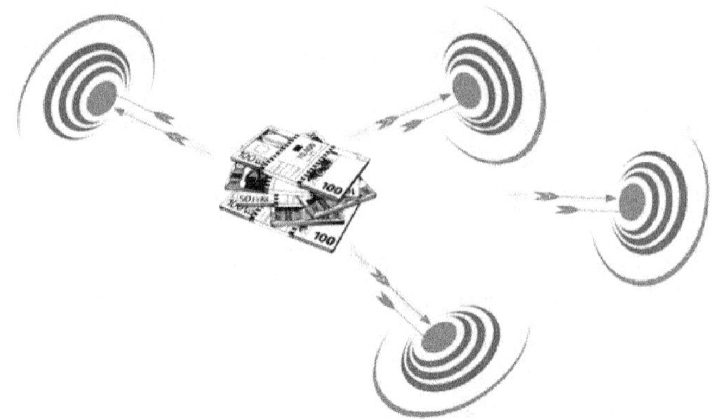

Les moyens à disposition étant très variables d'une personne à l'autre ou d'une structure à l'autre, vous seul pouvez connaître et lister les moyens à votre disposition.

Sensemaking

La logique procédurale nous dit que **l'action précède le but**, c'est-à-dire que le sens est donné rétrospectivement à l'action.
Très étrange non? On fait des choses et on comprend après? Normalement, d'abord on réfléchit, ensuite on fait quelque chose, n'est-ce pas plus logique? Un exemple sera plus efficace pour expliquer ce que cela veut dire : j'avais formé la responsable marketing d'une grande entreprise qui travaille à la Défense. Cette personne, la cinquantaine, voulait se remettre au sport et la solution la plus simple était de s'inscrire dans un club de fitness. Cependant, la pause du midi était trop courte pour pouvoir faire une séance et avoir aussi le temps de manger. Il y a eu quelques réticences de la direction à lui accorder une pause de midi plus longue, en contrepartie d'un début de journée plus matinal. Et elle me dit « Heureusement que je me suis inscrite à ce club de fitness, car je me suis fait une amie. Elle travaille dans les services financiers de l'Élysée qui sont très importants pour notre business. C'est un service qu'on n'arrivait pas à joindre jusqu'à présent à cause des barrières des secrétaires et de l'impossibilité à se rendre physiquement dans le bâtiment ».
Cela vous évoque peut-être une autre histoire? Celle de la personne qui vous dit : « Vous voulez faire du business ? Faites du Golf ! »

En fait, cette personne avait envie de faire du golf, et complètement par hasard, elle a été amenée à rencontrer un ou des fournisseurs, des clients ; contacts qui sont plus faciles à se faire au golf qu'à la piscine (vous imaginez bien que la tête dans l'eau ne facilite pas les échanges). Et la personne en conclut que pour faire du business, il faut faire du golf. Non ! Il n'y a pas de lien de cause-conséquence. Faites du golf, seulement si vous voulez faire du golf. Dans la logique procédurale, entrer dans l'action et donner du sens à l'action rétrospectivement s'appelle le **sensemaking**. Le sensemaking traduit en langage courant s'explique de cette façon : « on fait des choses, puis on voit ce qu'on peut en tirer de positif ».

Ce que vous devez retenir, c'est que pour faire avancer votre projet, vous ne pouvez pas vous contenter de ne faire que des choses pour lesquels vous êtes persuadés que cela fera avancer le projet. Il faut accorder une importance beaucoup plus importante aux interactions que vous pouvez avoir avec des personnes que vous n'imaginiez pas pouvoir vous aider ou que vous n'imaginiez pas pouvoir faire avancer votre projet. Peut-être de telles personnes pourront vous aider, ou peut-être vous donneront-elles de bonnes idées ?

Rationalité du projet

Dans chaque projet, il faut que quelque chose au moins soit rationnel. Dans la logique causale classique, le **but** doit être rationnel. Par exemple, il est parfaitement rationnel d'avoir une quiche vendue en grande quantité dans la grande distribution. Donc, ce but à atteindre, vendre une quiche dans la grande distribution est un but qui est rationnel, une fois atteint. Dans la logique procédurale, il n'y a pas un but précis fixé à l'avance, donc ce n'est pas le but qui peut être rationnel. Dans la logique procédurale, c'est la **procédure** qui **doit être rationnelle**. Prenons l'exemple du projet de la quiche magique mené sous sa version causale. Si on analyse le projet sous l'angle procédural, la question est la suivante :
– Est-il rationnel d'investir 10 millions d'euros pour voir si les gens achètent une quiche ?
La réponse est **non**. La procédure n'étant pas rationnelle, le projet ne peut pas être mené de cette façon-là.

Incertitude risque et logiques causale et procédurale

Une notion importante est celle d'incertitude, différente de la notion de risque.

Est-ce que la création d'une boulangerie est une opération incertaine ? Non, pas du tout. Pourquoi ? Parce qu'il y a déjà eu des milliers de boulangeries crées avant et qu'on a donc des statistiques. Les banques peuvent même probablement prédire, en fonction de la taille de la boulangerie, de sa localisation, du nombre de boulangeries aux alentours, combien on va vendre de croissants, de pain au chocolat, etc. Mais est-ce que l'absence d'incertitude fait que créer une boulangerie n'est pas risqué ? Non ! Il y a le risque d'embaucher un boulanger qui fait du mauvais pain, le risque d'avoir du matériel qui tombe en panne, et tout un tas d'autres risques qui peuvent compromettre l'activité.

Le risque et l'incertitude sont des choses différentes et la logique causale est efficace dans un environnement sans incertitude, mais dans lequel il peut y avoir des risques. Dans ce contexte, on peut se fixer un objectif et chercher les moyens pour atteindre cet objectif. Les moyens recherchés peuvent être une levée de fonds, un emprunt ou la vente de sa maison. Et on accepte de le faire, car on sait qu'on vendra du pain, il n'y a pas d'incertitude. Dans les environnements incertains, on ne sait même pas si l'idée du projet trouvera un marché. C'est là qu'il y a un piège : quand on se lance dans un nouveau projet, on a toujours l'impression que cela va marcher à 100 %. Mais factuellement, les chances sont faibles. C'est pourquoi il faut utiliser la logique procédurale. Dans la logique procédurale, on ne cherche pas des moyens pour atteindre un but, mais on part au contraire des moyens à disposition, et on imagine les buts possibles à atteindre. Comment savoir si un environnement est incertain ? C'est simple : si vous ne faites pas très exactement ce qui a déjà été fait par d'autres et qui a déjà fonctionné, il y a une incertitude.

LA PERTE SUPPORTABLE

Travailler sans risque avec la perte supportable

L'un des principes les plus importants de la logique procédurale est d'apprendre à travailler sans risque.

Pour comprendre cela, il faut comprendre la logique de l'investisseur. L'investisseur est en réalité la direction générale de l'entreprise d'un grand groupe, ou la direction générale de votre entreprise, qui doit faire des choix dans les projets. Cela peut aussi être un fonds d'investissement capital risque. Pour l'illustration, nous allons imaginer l'investisseur comme étant un fonds d'investissement capital risque, avec une optique très financière.

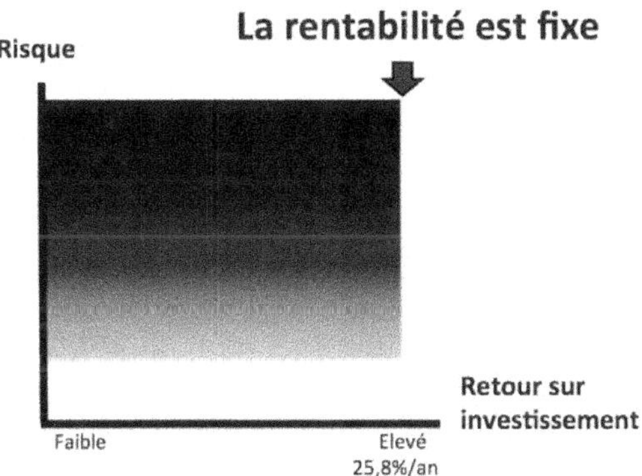

Vision de l'investisseur

Le fonds d'investissement a des actionnaires. Et que veulent les actionnaires ? De la rentabilité. Combien ? On entend souvent dire que les investisseurs veulent faire 10 fois leur mise en 10 ans. Il existe une formule mathématique interne à ce fonds d'investissement qui permet d'en déduire que la rentabilité annuelle attendue est de 25,8 %. Un fonds d'investissement reçoit 600 dossiers d'investissement par an. 200 de ces dossiers présentent une rentabilité attendue inférieure à 25,8 % par an. Que fait-on de ces dossiers ? On les rejette, parce qu'investir voudra dire qu'on fait baisser la rentabilité attendue pour ce fonds d'investissement.

Les 400 autres dossiers (dont la rentabilité attendue dépasse les 25,8 % par an) sont analysés et classés en fonction du risque perçu. Combien d'investissements vont être faits ? Globalement assez peu, moins d'une dizaine, parfois un ou deux seulement. Cela veut dire que, statistiquement, votre projet n'est pas le bon candidat pour le fonds d'investissement. Et plus de 590 projets sur 600 seront de mauvais candidats.

Évidemment, les porteurs de projets connaissent les règles du jeu. Ils savent qu'il y a peu de chance de réussite. Alors que vont faire les porteurs de projet pour plaire ? Ils vont mentir ! Ils vont plus ou moins bien mentir, sur le chiffre d'affaires, sur le « time to market » (le temps entre aujourd'hui la mise sur le marché), ils vont minimiser les risques et vont plus ou moins subtilement travestir la réalité, l'idée étant de progresser dans le classement. Le problème, c'est que tous les porteurs de projet font cela en même temps, donc cela ne fait que décaler les projets en termes de perception du risque et de la rentabilité, et vous êtes donc toujours un mauvais candidat dans cette histoire. Est-ce que le fonctionnement des fonds d'investissement est rationnel ? Oui ! Parfaitement ! Mais du point de vue du porteur de projet, ce n'est pas la même chose. Vous n'avez qu'un projet, pas six cents.

Donc, cette logique ne marche pas quand vous voulez développer un business. Il va falloir complètement changer la façon d'aborder les choses. La première chose qu'on va faire, c'est oublier la rentabilité. Dans l'analyse rentabilité/risque, on ne va pas choisir le point fixe comme étant la rentabilité, mais va choisir le risque : et on va travailler à risque constant nul.

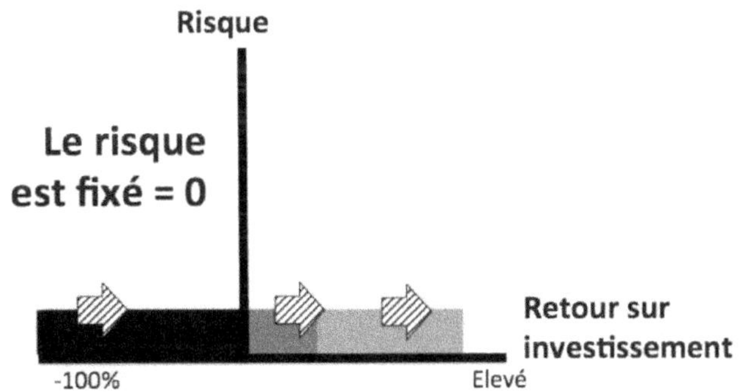

Vision de l'entrepreneur

Attention, est-ce que travailler sans risque veut dire qu'on ne dépense pas d'argent ? La réponse est oui, on peut dépenser de l'argent. Mais combien ? Quelle doit la limite maximale qu'on de l'argent qu'on dépense ? Si vous pensez que cela doit être au maximum ce qu'on est sûr de récupérer, vous avez tort : car on n'est jamais sûr de récupérer l'argent qu'on dépense. En fait, dépenser sans prendre de risque, c'est dépenser l'argent qu'on peut se permettre de perdre définitivement sans jamais le revoir et sans que cela n'ait de conséquences négatives sur le fonctionnement de l'entreprise qui entreprend un nouveau projet. C'est pour cela qu'investir toute sa marge n'est pas rationnel : cela sera très mal perçu sur les marchés financiers si votre société est cotée en bourse. C'est une perte qui n'est pas supportable. C'est pourquoi ce principe de la logique procédurale est appelé la « perte supportable ».

Le choix des futurs possibles doit se faire sur le critère de la rentabilité

À chaque étape du nouveau projet, vous devez imaginer un ou des futurs possibles et il y a souvent plusieurs possibilités. Un critère de choix pour un futur possible est de choisir le futur qui augmente la rentabilité de votre projet.

Si vous décidez de vendre des quiches magiques et que vous commencez le projet en offrant des quiches à votre ami d'enfance, quelle est la rentabilité ? C'est ce que vous avez gagné ou perdu par rapport à ce que vous avez investi (vos dépenses) et cela vous donne une rentabilité de — 100 % (puisque vous perdez tout ce que vous avez investi).

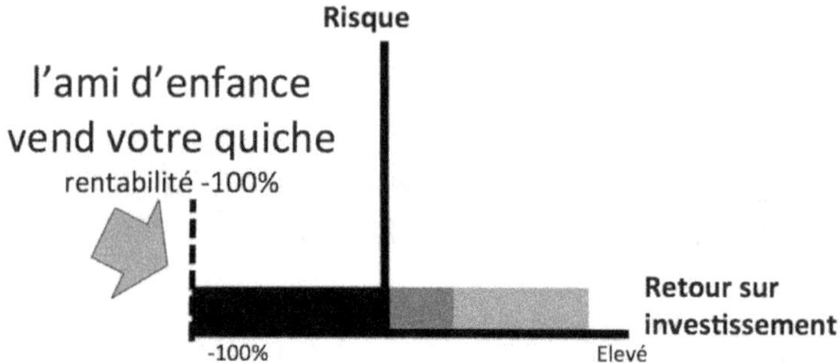

-100 % de rentabilité, ce n'est pas très attractif pour un investisseur. Mais en valeur absolue, combien d'argent a été perdu ? En valeur absolue presque rien, c'était les quelques euros de matière première pour faire les quiches que vous offrez à votre ami d'enfance.

Mais que se passe-t-il à la deuxième étape de notre développement procédural de la quiche d'Amérique du Sud ? On vend les quiches à d'autres restaurants à prix coûtant, donc on a finalement perdu un petit peu moins que ce qu'on a dépensé : la rentabilité n'est plus de -100 %, elle a augmenté.

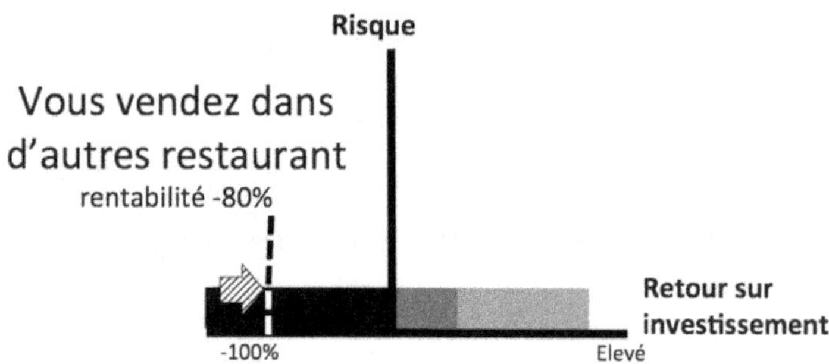

 On est peut-être maintenant à -80 %. En valeur absolue, cela représente moins de 200 €.
Et c'est là le malentendu entre investisseur et porteurs de projets : les investisseurs s'intéressent à un ratio : la rentabilité, et les porteurs de projets analysent leur projet de la même façon alors qu'ils devraient

analyser leur projet en valeur absolue. Quelle importance d'avoir un projet dans la rentabilité est de moins -80 % si cela représente moins de 200 € ? Aucune.

Attention : nous avons vu qu'il fallait dessiner un futur à chaque étape. La rentabilité qui augmente est un critère pour le choix du futur. Chaque fois que vous vous fixez un nouveau futur parmi plusieurs possibilités, vous choisissez le futur qui augmente la rentabilité du projet. Et à chaque nouvelle étape, vous ferez des choix qui augmentent la rentabilité, mais tout en travaillant à risque constant nul.

La logique procédurale n'est pas incompatible avec un financement massif

Vous avez développé votre projet en suivant la logique procédurale, partant d'une rentabilité de moins 100 %, vous avez, à chacune des étapes de votre développement, choisi des futurs qui augmentent votre rentabilité. Plaçons-nous du côté de l'investisseur, qu'est-ce qu'il ne veut pas ?

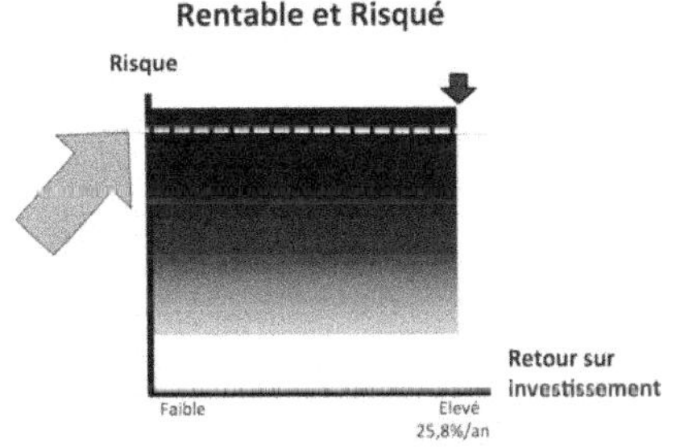

Vision de l'investisseur

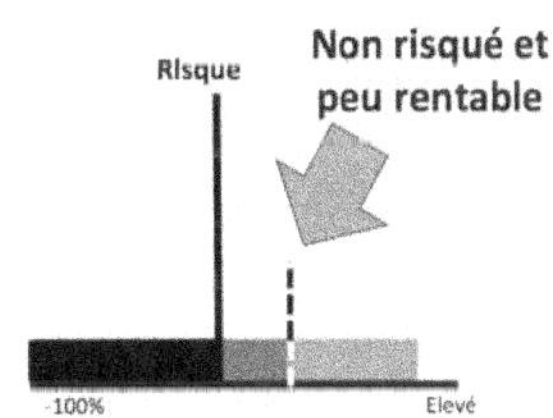

Vision de l'entrepreneur

Il ne veut pas d'un projet non risqué, mais peu rentable, figure de droite, et il ne veut pas non plus d'un projet très rentable, mais très risqué, figure de gauche.

Première hypothèse, imaginons, que vous êtes arrivés à une rentabilité de 15 % et que vous n'arrivez pas à aller au-delà. N'atteignant pas 25,8 % par an, vous n'intéressez pas les investisseurs et vous ne les auriez de toute façon pas intéressés. Toutefois, cela ne vous pose pas de problème, car votre projet est opérationnel et génère déjà une rentabilité de 15 % par an.

Deuxième hypothèse, la nature de votre projet vous permet de continuer à augmenter votre rentabilité, et un jour, votre rentabilité dépasse les 25,8 % par an.

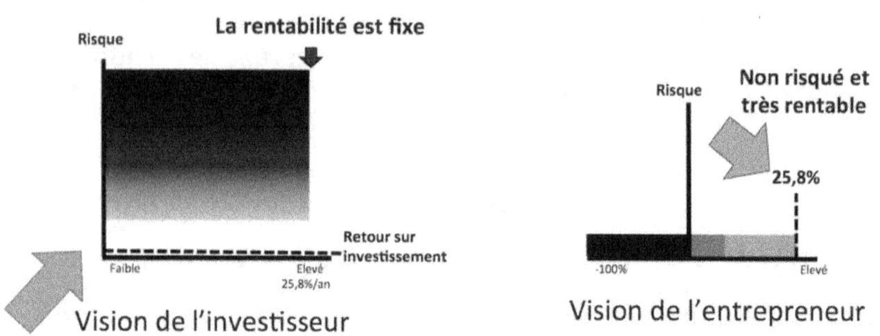

Si on regarde où se situe un projet non risqué à 25,8 % sur le schéma de gauche qui illustre la vision de l'investisseur, vous êtes le grand gagnant. L'entreprise dans laquelle l'investisseur veut investir a une rentabilité au-dessus de 25,8 % et, dans le même temps, ne présente aucun risque.

À ce stade de développement de votre projet, et avec une rentabilité pareille, les chefs de projet n'ont peut-être pas besoin de soutien financier, mais, la puissance financière d'une grande entreprise peut aider la projet à accélérer son développement commercial beaucoup plus vite que ne le ferait une start-up de petite taille.

Pourquoi les entreprises acceptent-t-elles de prendre des risques insensés ?

Les entreprises sont parfois prêtes à prendre des risques insensés qu'elles ne peuvent pas se permettre de prendre parce que dans la logique causale classique, le but rationnel à atteindre est très rentable et les projections des chiffres d'affaires à venir peuvent être telles que chacun se projette dans un futur où le projet a réussi, ce qui pousse à s'imaginer gagner tout cet argent pour l'instant virtuel. Ainsi, avec la logique causale classique, plus les sommes d'argent à gagner dans le futur sont importantes, plus cela justifie des dépenses pharaoniques aujourd'hui. Ainsi, dépenser 500 millions d'euros dans le développement d'un yaourt nature antirides vendu dans le rayon frais et dans un mini réfrigérateur dans la section cosmétique peut sembler logique, car à l'époque de la mode de la cosmétofood, on imaginait que le gain à venir, si l'idée fonctionne, se compterait en milliards d'euros. Malheureusement pour l'industriel, ce produit antirides n'a pas marché.

Du point de vue de la logique procédurale, on s'intéresse à l'argent qu'on perd maintenant plutôt que de s'intéresser à l'argent qu'on gagnera hypothétiquement plus tard. Par ailleurs, on sait que chaque procédure doit être rationnelle : dépenser 500 millions d'euros pour voir si des gens sont prêts à acheter des yaourts antirides ayant la texture d'un yaourt nature n'est pas du tout rationnel. Le projet aurait dû être mené complètement différemment.

Le contrôle de l'argent

Quand on crée une nouvelle activité, la tendance est d'acheter ses équipements et partir d'un nouveau pied : un peu comme les collégiens qui aiment bien avoir un nouveau cartable à la rentrée, de nouveaux stylos, une nouvelle trousse. C'est gratifiant, mais pas très rationnel. Comme on travaille sur le principe de la perte supportable, chaque euro doit être précieux. Ainsi, chaque fois que vous aurez besoin de quelque chose pour votre projet, il faudra se poser la série de questions suivante :

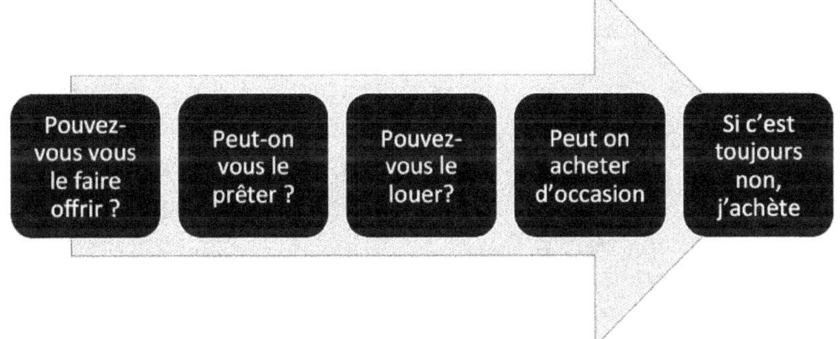

1) Pouvez-vous vous le faire offrir ? C'est exactement ce que font beaucoup de mes étudiants. Ils se font offrir leur ordinateur

portable et les frais d'inscription de leur école par leurs
parents

2) Deuxième question, si personne ne veut vous offrir le matériel,
est-ce que quelqu'un peut vous le prêter ? Par exemple, vous
avez besoin de faire du montage vidéo, cela devrait vous
prendre deux semaines avec votre matériel inadapté, mais un
de vos amis a tout le matériel qui vous permettrait de faire le
travail en deux jours. Vous allez le voir et vous lui demandez
de vous prêter le matériel un week-end !

3) Si personne ne veut vous prêter le matériel, est-ce que vous
pouvez le louer ?

4) Si vous ne pouvez pas le louer, est-ce que vous pourriez
l'acheter d'occasion ?

5) Enfin, si vous n'avez trouvé aucune autre solution, vous
pouvez l'acheter. L'achat est la dernière solution, quand rien
d'autre ne fonctionne.

Prenons l'exemple d'une personne qui décide de créer une entreprise
de maçonnerie. Son rêve était à l'origine de trouver un travail à durée
indéterminée chez un gros employeur comme Bouygues, mais elle n'a
pas réussi, elle s'est retrouvée au chômage et arrive maintenant en fin
de droit. En gros, soit elle crée une entreprise, soit elle se retrouve à la
rue. Le problème, c'est que pour être maçon, il faut du matériel : racloir
à béton, truelle, pinces à ferrailler, arrache-clous, pointerolle, racloir à
béton, pelle, seau, talochons, fer à joint, etc. Chacun de ces éléments
pris séparément n'est pas très cher. Une truelle, c'est 5 € dans un
magasin de bricolage, mais quand on additionne tout le matériel
nécessaire, cela représente une somme colossale pour le maçon
désargenté.

Première question, peut-on se faire offrir le matériel ?
Une partie, très probablement : les amis, les parents et les anciens
collègues offriront peut-être des outils qui ne leur servent plus. Mais
on peut tenter plus original. Quand l'entreprise Bouygues achète des
truelles, il en achète des centaines et cela lui permet de négocier les
tarifs. La truelle qui coûte 5 € au maçon coûte peut-être 20 centimes à
Bouygues. Si du ciment sèche sur une truelle Bouygues, on pourrait la
faire nettoyer par un ouvrier, mais le temps que cela prend revient
plus cher que de jeter la truelle et d'en prendre une neuve. Si je suis le
maçon, je vais sur un chantier Bouygues, je vais voir le chef de chantier

et je lui dis « excusez-moi, je vois que vous avez jeté pas mal de matériel, est-ce que cela vous ennuie que je fasse vos poubelles ? ». Pour le chef de chantier Bouygues, ce matériel n'a plus aucune valeur et il n'y a pas de raison de ne pas laisser le maçon le prendre.

Retenez donc que vous devez garder le contrôle de l'argent en en dépensant le moins possible en vous demandant si on peut vous offrir du matériel, vous le prêter ou vous le louer avant de décider de l'acheter d'occasion ou, au pire de l'acheter neuf. Et cela est valable aussi dans les grandes entreprises ! Pourquoi investir dans une machine-outil hors de prix, si la machine est déjà achetée et amortie ailleurs et qu'on pourrait l'utiliser tant qu'on teste des petites séries de produits innovants ?

LA CO-CRÉATION ET LES PARTENARIATS INTERNES À L'ENTREPRISE COMME EXTERNES

La culture absurde du secret et les partenaires

La grande majorité des entrepreneurs essaye de cacher ses idées de peur de se les faire voler. C'est aussi le cas des services intrapreneuriaux : la peur du vol d'idée fait que les projets sont gardés secrets. Toutefois, cette culture du secret sous-entend qu'il existe un objectif évident à atteindre et qu'il suffirait de trouver les moyens pour atteindre cet objectif. Si on se rappelle que les projets qui réussissent ne se focalisent pas sur un objectif, aussi rationnel soit-il, mais sur une procédure rationnelle, et si on se rappelle qu'une procédure rationnelle est étroitement liée au le chef de projet et à l'entreprise qui mène le projet, on comprend que la même idée de départ menée par deux entreprises différentes aboutira à deux projets différents qui ne seront d'ailleurs même pas nécessairement concurrents au bout du compte. Allons plus loin : si vous pensez qu'en parlant d'un nouveau projet, cela a toutes les chances de le faire échouer, abandonnez-le, c'est un mauvais projet parce que vous avez peu de chance de le contrôler de toute façon.

Les partenaires sont des personnes dans la même entreprise, mais également en dehors, qui ont quelque chose à gagner avec vous si votre projet réussit, et non contre vous. Les partenaires sont importants, car ils amènent de nouveaux moyens. Or les moyens permettent de nouvelles actions, puisqu'on fait avec les moyens à disposition. Que peut-on demander à ses partenaires ? Pas plus que la perte supportable pour eux. En d'autres termes, demandez des choses qui représentent peu de valeur pour le partenaire, et beaucoup de valeur pour vous.

Par exemple, cela pourrait être du vieux matériel ou une mise en relation (« connaissez-vous quelqu'un qui pourrait m'aider ? »). Mais cela peut être aussi plus original. Imaginons que vous vous êtes décidé de produire des saucissons fermentés à froid, une spécialité des Balkans, alors que votre entreprise fabrique de la charcuterie classique. Le chef de projet a convaincu un charcutier de vendre ces saucissons il y a quelques semaines. Or, ces saucissons ont des propriétés addictives, quand on commence à en manger on a du mal à s'arrêter. Les clients du charcutier reviennent souvent acheter de grandes quantités de saucissons. De votre côté, à cause du succès de vos saucissons, le chef de projet n'a plus la place de les stocker dans le seul réfrigérateur que vous avez acheté pour son projet : il faudrait maintenant acheter une chambre froide et louer un entrepôt où l'installer. C'est très cher. Il y a alors deux solutions : votre entreprise possède des chambres froides et le problème est résolu, ou alors, le chef de projet sait que le charcutier qui vend ses saucissons a une chambre froide qu'il n'occupe qu'à 30 % de sa capacité. Plutôt que d'acheter une chambre froide, il va rencontrer le charcutier et lui dit « Est-ce que vous accepteriez de me laisser occuper un mètre carré au sol de votre chambre froide, en échange je vous offre trois saucissons par semaine ? ». Si le charcutier a envie que vous continuiez votre business, car il a à y gagner avec vous, il y a de grandes chances qu'il vous aide.

En résumé, ne cultivez pas un secret absurde et laissez les chefs de projet interagir avec toutes les autres personnes de l'entreprise mais aussi avec des gens extérieurs s'ils le juge nécessaire. Car il y a en réalité bien peu de chance que l'idée soit volée. Les partenaires sont ceux qui ont envie qu'un projet fonctionne. Les chefs de projet obtiendront facilement une aide de leur part quand cela ne leur coûte pas grand-chose.

Les détracteurs internes à l'entreprise, guerres de baronnies

Si votre projet arrange certains, ce qu'on a défini comme les partenaires, certains ont intérêt à ce que vous ne réussissiez pas. On les appelle les **détracteurs**. Imaginons que vous inventez un moteur qui fonctionne à l'eau salée. Vous venez de résoudre le problème de l'énergie dans le monde. Est-ce que pour autant il vous sera facile de développer votre projet ? Ce n'est pas évident du tout, car vous avez des détracteurs très puissants. Votre existence pourrait poser problème à toute l'industrie pétrolière. Et l'industrie pétrolière va faire en sorte que votre projet ne voit jamais le jour. Un moyen légal de bloquer le développement du moteur qui fonctionne à l'eau salée est de vous proposer de racheter le projet à un tarif tellement exorbitant que vous ne pourrez pas refuser.

Les détracteurs sont parfois plus subtils : quand un grand groupe industriel fait un « appel à projets » sous la forme d'un concours étudiant pour primer la meilleure idée de projet (ils promettent généralement des iPad, un local et des moyens financiers pour développer le projet), il ne faut pas s'étonner que si un projet étudiant leur plaît vraiment, ils offrent les iPad, mais reprennent le projet à leur compte et le développent en interne. Il faut donc parler de ses projets, mais soigneusement éviter tous ceux qui pourraient avoir intérêt à ce que vous ne réussissiez pas. Dans un grand groupe, il existe également des détracteurs : tous ceux que le projet peut déranger car il peut empiéter sur leurs prérogatives, parce qu'il viendra leur voler du chiffre d'affaires (par exemple, Kodak a inventé la photo numérique et pourtant, Kodak a échoué. Pourquoi ? La photo numérique a été étouffée car elle allait manger des parts de marché à la pellicule, et par ailleurs, le business modèle était trop éloigné de celui d'origine (vente unique versus revenus récurrents)). Kodak, par sa taille et à cause des luttes d'influence a raté la photocopieuse en 1945, laissant Xerox s'en emparer et Kodak a raté le Polaroid en 1950. Vous serez peut-être aussi confronté à des luttes de pouvoir internes à l'entreprise... jalousies, guerres de baronnies.... La logique procédurale arrive à contourner le problème en évitant les détracteurs. Par contre, dès lors que le chef de projet travaille dans un grand groupe, il lui faudra un pouvoir suffisant pour prendre des décisions importantes. Par exemple, le responsable du numérique chez Kodak aurait pu créer une spin-off de Kodak financée par Kodak afin d'entrer en concurrence frontale avec l'activité de pellicule photo.

LE CONSTRUCTIVISME : RÔLE DE L'INCONNU ET DU HASARD

Laissez les chefs de projet générer du hasard

Quand on gère un projet qu'on a bien planifié, on n'aime généralement pas avoir des surprises qui bouleversent tout. Dans l'absolu, l'idéal serait d'avoir un projet qui se déroule très exactement comme on l'avait prévu, tout au moins c'est comme cela qu'on le perçoit. Dans la logique classique, avoir un projet sans imprévu est quelque chose de théoriquement envisageable, car la logique causale classique se base sur l'hypothèse dite « gaussienne » qui dit que chaque année, toute valeur sera plus ou moins la valeur de l'année précédente. Mais ce n'est qu'une hypothèse et la logique causale ne prend pas en compte un boycott soudain des produits français, ou encore l'explosion d'un volcan dans le nord de l'Europe qui va bloquer toute la circulation aérienne pendant des semaines. Ce phénomène est ce que l'auteur Nassib Taleb appelle le phénomène du Cygne Noir dans un livre du même nom. Pourquoi le Cygne Noir ? Car pendant très longtemps, les biologistes étaient convaincus que tous les cygnes étaient blancs (tout simplement, car tous les cygnes observés étaient blancs). Un jour, en Australie, un explorateur a découvert la seule variété de cygnes noirs. Cela montre que ce n'est pas parce qu'on a observé seulement des cygnes blancs pendant très longtemps qu'ils sont en réalité tous blancs. De la même façon, ce n'est pas parce qu'on a prévu une planification sur la base de ce qui a déjà été qu'il n'y aura aucun imprévu. Et ce n'est pas parce que l'on ne connaît pas quelque chose que cela n'existe pas : ainsi, du point de vue d'une dinde Noël, la vie est extraordinaire : on vous cajole, on vous nourrit, on vous fait la vie facile, et tout va pour le mieux. Sauf que nous savons que l'histoire va mal se terminer pour la dinde.

En fait, la question n'est pas de savoir s'il y aura des imprévus dans un projet, la question est de savoir comment vous allez les gérer. Il semble qu'au lieu d'éviter les imprévus, il est préférable d'aller à leur rencontre. Et c'est l'école de pensée dite « constructiviste » qui nous explique pourquoi.

L'école opportuniste vs l'école constructiviste

À l'origine d'un nouveau projet de développement produit, il y a souvent une opportunité, ou en tout cas ce qu'on pense être une opportunité. La notion d'opportunité est très ancrée dans l'inconscient collectif, mais elle est en fait étroitement liée à la logique causale. La logique causale et la logique procédurale vont se confronter sur ce thème de l'opportunité en définissant deux écoles de pensée qui s'affronte : l'école opportuniste, liée à la logique causale, et l'école constructiviste, liée à la logique procédurale.

L'**école opportuniste** affirme qu'il existe des opportunités qui flottent dans l'air, et que parce qu'on aurait un angle de vue particulier, on pourrait percevoir une opportunité que d'autres ne peuvent pas voir, et grâce à cette asymétrie de l'information, il sera possible de profiter de l'opportunité. Si on ne découvre pas de bonne opportunité, on ne peut pas développer un business. Ainsi on entend souvent l'histoire suivante : une personne voulait créer son entreprise quand elle avait vingt ans, mais préférait d'abord travailler pour trouver la bonne opportunité. Trente ans plus tard, à cinquante ans, cette personne n'a toujours pas créé son entreprise. Pourquoi ? La réponse est toujours la même : « je n'ai pas trouvé la bonne opportunité ».

La deuxième école de pensée, qui correspond à la logique procédurale, va prendre le contrepied de la logique opportuniste : c'est l'**école constructiviste**. L'école constructiviste dit qu'il n'existe pas d'opportunité. L'opportunité est une construction sociale et c'est notre interaction avec les autres qui crée des opportunités. Un exemple illustre bien cela. En France, à une époque, la cigarette électronique n'existait pas et personne n'en avait entendu parler. Tout à coup, la même semaine et pendant une semaine, et dans tous les journaux télévisés, on nous a parlé de la cigarette alors qu'elle n'était même pas en vente en France. Du coup, tous les Français ont entendu parler de la cigarette électronique en même temps et il est probablement que quelques millions de personnes se soient dit en même temps : « C'est une belle opportunité business ! »

Or, dans la réalité, il n'y a qu'une poignée de gens qui a fait du business avec la cigarette électronique : ceux qui sont rentrés dans l'action. Certains sont partis dans des pays où cela se produisait, certains ont ouvert des boutiques, d'autres se sont spécialisés sur les liquides. Pourquoi se spécialiser sur les liquides ? Probablement pas suite à un éclair de génie en se disant « Humm, je pense que le vrai truc intéressant, c'est le liquide qu'on met dans les cigarettes électroniques ». (Alors qu'on vient tout juste d'entendre parler du produit). Il est bien plus probable que la personne en question a croisé, par hasard, des personnes qui produisaient des liquides et cette personne a tiré parti de ses rencontres inopinées. Si on accepte la vision constructiviste, il n'y a plus besoin d'attendre de trouver la bonne opportunité pour lancer un nouveau projet. Au contraire, il faut lancer un nouveau projet et, grâce à l'interaction avec les autres, les opportunités se créeront d'elles-mêmes.

Oubliez la rédaction d'un Business Plan ou de tout autre document qui y ressemble et qui ne fera que vous ralentir : entrez dans l'action. Menez des expériences ciblées à un rythme rapide et adaptez votre message et votre offre en fonction des retours de votre cible.

Les réussites liées au hasard ont un fort potentiel

Il n'est pas rare que de grands succès commerciaux aient été dus au hasard. Prenons l'exemple de l'invention du micro-onde. En 1946, Percy Lebaron travaille sur un dispositif qui transforme l'énergie électrique en énergie électromagnétique : le magnétron (autant vous dire que je n'ai pas la moindre idée de ce que c'est). La légende dit qu'il aurait retrouvé une barre de chocolat fondue dans sa poche alors qu'il fait fonctionner le tube. Intrigué, il refait l'expérience avec des grains de maïs : il obtient du pop-corn, il place un œuf dans un pot avec une ouverture, devant le tube magnétron, l'œuf éclate. Il remarque alors que l'intérieur du pot a chauffé plus vite que l'extérieur : le micro-ondes va naître, du moins technologiquement puisque c'est seulement à partir des années 80 qu'il va se répandre.

Ce qu'il faut retenir de ces histoires, c'est que le hasard fait partie du développement de nouveaux projets innovants. La question n'est pas de savoir si l'inattendu va survenir et comment l'éviter, mais au contraire, comment générer des opportunités en générant de l'inattendu et voir comment on peut en profiter.

LE DÉVELOPPEMENT PRODUIT DOIT SE FAIRE EN CO-CRÉATION

L'entrepreneuriat et le business développement ont cela de commun qu'il faut convaincre et faire avancer ses projets. Intuitivement, chacun a sa formule et imagine que tout le monde partage la méthode. En réalité, il existe quatre approches dans le business développement en fonction de deux critères : la prédiction du futur, élevé ou faible, et le contrôle sur l'environnement, élevé ou faible.

Définition de « prédiction faible ou élevée »
Prédiction faible veut dire que vous considérez que vous n'êtes pas capable de prédire ce qui est bon pour les clients. Prédiction élevée veut dire que vous considérez que vous êtes capable de prédire ce qu'est le produit du futur, celui qui plaira à votre cible.

Définition de « contrôle sur l'environnement faible ou élevé »
Un contrôle faible sur l'environnement signifie que vos actions ont peu d'influence sur la réalité. Par exemple, si vous passez six mois à rédiger le business plan parfait, assis à votre bureau, la réalité se déroule exactement de la même façon que si vous n'aviez rien fait sinon de regarder la télévision. Vous n'avez pas modifié la réalité. Un contrôle fort de la réalité veut dire que votre présence et vos actions ont une influence sur la réalité. Si vous n'aviez pas été là, la réalité aurait été différente. Par exemple, si vous êtes serrurier et que vous mettez des autocollants indécollables avec votre numéro de téléphone dans un immeuble puis que, quinze jours plus tard, vous passez dans le même immeuble et que vous mettez de la superglue dans quelques serrures, vous modifiez la réalité. Vous êtes un escroc, vous méritez la prison,

mais vous modifiez la réalité et vous créez l'opportunité de réparer des serrures.

On va croiser ces deux dimensions et cela va nous donner quatre approches du développement : l'adaptation, la segmentation, la vision et la co-création.
Dans le cadre du développement produit, l'approche de **co-création** est à privilégier.

| | | CONTRÔLE SUR L'ENVIRONNEMENT | |
		FAIBLE	ELEVE
PREDICTION	ELEVEE	SEGMENTATION	VISION
	FAIBLE	ADAPTATION	CO-CREATION

La co-création consiste à transformer ses contacts en partenaires.
Vous vendez un stylo bleu. Le contact vous dit qu'il préfère un stylo vert. Vous êtes d'accord de modifier la couleur, car vous considérez que le client sait mieux que vous ce qu'il veut, MAIS, vous ne voulez pas changer la couleur sur la seule bonne foi d'un prospect qui risque de ne pas acheter derrière. Vous décidez donc d'accepter de changer la couleur uniquement si le prospect s'engage à faire quelque chose en échange. Par exemple en mettant à votre disposition un de ses ingénieurs spécialistes du vert pour vous conseiller sur les modifications à faire sur la chaîne de production, ou encore s'il accepte de signer une précommande. Ainsi, on accepte de changer si l'interlocuteur est prêt à faire un effort pour aider à aller dans la direction suggérée. Cela permet de se débarrasser de toutes les personnes qui disent être intéressées par l'idée, mais ne comptent pas acheter.
On appelle ce système de développement la co-création, car il y a un engagement réciproque. Il y a bien une prédiction faible puisqu'on s'adapte à ce que veulent les clients, mais il y a également un contrôle

fort de l'environnement, car on modifie le comportement de ceux qui demandent de modifier notre produit ou notre offre.

Un risque dans la cocréation est que le premier partenaire, parfois un client, ne soit pas représentatif des autres. En fait c'est un faux problème, car quand bien même le premier client ne serait pas représentatif :

- vous avez gagné en expérience,
- vous avez réussi à engager un partenaire
- et peut-être avez-vous été payé pour votre travail.

Voici un exemple. D'habitude, quand on crée une formation en présentiel, cela demande beaucoup de temps et d'énergie et on espère bien vendre la même formation à plusieurs entreprises. J'ai été amené à créer une formation au calcul de la valeur financière de l'innovation dans le cadre de négociation de licence de brevet. Mon premier client a été une société de valorisation de la recherche et je n'ai jamais plus réussi à vendre cette formation sous ce format à qui que ce soit d'autre. Mais j'ai quand même été payé pour ce travail. La rentabilité est peut-être plus faible que dans le cas où on vend plusieurs fois la même formation, mais ce n'est pas vraiment un piège. Par conséquent, pas d'inquiétude si le premier partenaire client n'est pas vraiment représentatif des autres.

LA BOUCLE PROCÉDURALE : IL FAUT FAIRE ÉCHOUER VOS PROJETS LE PLUS VITE POSSIBLE

Faire de la traction commerciale avant de fabriquer sans se préoccuper de l'image, grâce au MVP

Quand vous avez trouvé une bonne idée d'entreprise et que vous voulez créer cette entreprise, vous êtes à un stade où le risque est maximal : vous devez tester votre idée avant d'envisager de réellement développer le projet à grande échelle au sein de l'entreprise.

Le plus difficile est de ne pas se mentir à soi-même. Et se mentir à soi-même, c'est premièrement faire des études de marché où on demande à des utilisateurs potentiels ou des clients potentiels s'ils seraient intéressés par ce qu'on le propose, et deuxièmement, c'est passer du temps à des tâches inutiles telles que la rédaction d'un business plan : si c'est la voie que vous avez choisie, c'est la meilleure façon d'échouer.

Comme il n'est pas possible de faire confiance à une étude de marché, comment s'y prendre ? Il faut directement se lancer en conditions réelles. Mais cela ne veut pas dire que vous devez fabriquer ou développer un prototype réel. En effet, la création d'un prototype ou d'un produit fini peut vous prendre des mois, voire des années, cela peut vous coûter une fortune et tout ce temps sera gâché si finalement il n'y a pas de marché.

Il va donc falloir concrétiser l'existence d'un produit ou d'un service qui n'existe pas encore, pour pouvoir le vendre comme s'il existait. Cette concrétisation virtuelle d'un produit qui n'existe pas est appelée un MVP. En anglais, cela veut dire Minimal Viable Product, c'est-à-dire le Produit Minimal Viable qui sera ce qui vous permettra de tester le marché avant de perdre du temps à fabriquer. Soyez vigilant de ne pas passer trop de temps à le créer : le MVP n'est pas un prototype et il n'a PAS pour objectif de résoudre des problèmes de conception ou de technologie. Son seul rôle est de tester des hypothèses commerciales et tester le marché. Un MVP n'a donc pas besoin d'être parfait.

Le MVP a pour rôle de tester si vos hypothèses sur les besoins de votre cible sont bonnes. Et vous avez tout intérêt à tester les hypothèses commerciales les plus risquées en premier pour faire échouer le projet au plus vite (puisque si vous vous êtes trompé sur vos hypothèses, le projet échouera de toute façon, autant que ce soit le plus vite possible). Cela permettra de modifier le produit ou le service très rapidement pour s'adapter au mieux aux attentes des clients et tester une nouvelle idée pour résoudre le problème que vous avez identifié. Quand vous aurez trouvé des premiers clients, vous allez devoir prioritairement tester un certain nombre de modes d'acquisition client pour pouvoir sélectionner les plus efficaces et les plus rentables pour votre activité.

En conclusion, une de vos premières priorités, parfois même avant de créer l'entreprise, est de tester votre marché avec un MVP pour vous confronter immédiatement à la réalité.

Les MVP les plus courants

Pour rendre votre projet concret, il faut lui créer quelque chose qui le rende réel aux yeux des clients potentiels ou aux yeux de partenaires qui pourraient vous aider. C'est le MVP (minimal viable product) qui permet de se mettre dans des conditions les plus proches possible de la réalité. Un MVP est essentiel pour ne pas perdre de temps ni d'argent quand on veut tester son idée commerciale. Voici les MVP les plus courants qui pourront vous inspirer pour créer les vôtres.

MVP 1 : la landing page associée ou non à un « explainer video » (ce qui veut dire « vidéo explicative »).

La landing page, c'est une page web où les visiteurs atterrissent après avoir cliqué sur le lien d'une annonce ou d'un mail. Sur cette page, il y a des informations qui n'ont pour seul objectif que de collecter les adresses mail pour valider la pertinence de la proposition de valeur. Il y a quelque temps, j'ai trouvé une société qui résout le problème suivant : vous êtes stressé de devoir héberger vos données d'entreprise sur le Cloud de DropBox, GoogleDrive ou n'importe quelle autre entreprise, car vous n'avez pas confiance dans la confidentialité de vos données. L'entreprise vous vend un boîtier qui permet d'utiliser un disque dur classique branché sur votre box pour héberger toutes vos données avec une clé de cryptage inviolable, et vous pourrez voir vos données comme si elles étaient sur le Cloud. En fait, c'est un Cloud crypté personnel. Cela a l'air très intéressant, mais le problème, c'est que si vous décidez d'acheter le produit, ce n'est pas possible immédiatement. On vous dit, je cite : « En raison d'une forte demande et de quantités limitées, nous vous invitons à rejoindre notre liste d'attente. » Vous devez alors laisser votre mail.

C'est plutôt malin ! Si vous avez envie d'acheter leur boîtier, c'est probablement que d'autres personnes aussi ! Donc la rupture de stock est crédible. Mais on peut aussi imaginer que le produit n'a même pas encore été techniquement développé et qu'AVANT de dépenser de l'argent et perdre du temps, les personnes qui ont créé, ou vont créer l'entreprise, veulent d'abord accumuler suffisamment de mails d'acheteurs potentiels pour ne pas prendre de risque.

Autre exemple : quand DropBox invente le Cloud, les investisseurs ne comprennent pas l'intérêt : ils ont des disques durs et des disques de sauvegarde, à quoi bon mettre des données dans un nuage ? Toutefois, les fondateurs ne veulent pas perdre leur temps à travailler gratuitement. Or, DropBox se rend compte que quand ils rencontrent des responsables informatiques dans des entreprises, et qu'ils expliquent comment va fonctionner DropBox, les informaticiens sont intéressés et veulent être avertis de la sortie du produit pour pouvoir l'utiliser. DropBox va créer une vidéo expliquant comment fonctionne DropBox et la mettre sur une page internet qu'on appelle une landing page, c'est un site avec une seule page avec un appel à l'action. On y trouve la vidéo, et DropBox rajoute : « le produit n'existe pas encore, mais si vous voulez l'utiliser quand il sortira, laissez votre adresse mail pour qu'on vous avertisse ». Et en quelques semaines, ils vont collecter de grandes quantités d'adresses mails de personnes motivées à utiliser DropBox. Fort de ce résultat, ils vont retourner voir les investisseurs, ceux-là mêmes qui n'avaient pas compris l'intérêt du produit, et qui vont bien être obligés d'admettre qu'il existe une attente du marché pour un service comme le leur.

MVP 2 : le crowdfunding

Le crowdfunding est un terme anglais pour désigner un « financement participatif ». Cela signifie qu'un grand nombre de personnes sont amenées à participer au financement d'un projet. Il existe plusieurs plateformes de crowdfunding, et les modalités de rémunération ou non en échange de l'apport financier varient. L'idée est simple : vous lancez une campagne de crowdfunding. Qui va investir ? Ou plutôt, pourquoi va-t-on investir dans un projet ? Parce qu'on y croit ! Parce qu'on se dit : si ce produit existait, je l'achèterais ! Cela permet donc de valider la pertinence de son projet et récolter l'argent des premiers acheteurs, ou au minimum de personnes qui sont prêtes à payer pour que le projet ou l'entreprise existe.

MVP 3 : un service à rentabilité sacrifiée, mais qui ne vous coûte pas cher.

Vous êtes Virgin et vous voulez créer Virgin Airlines, une compagnie aérienne. Plutôt que d'acheter des dizaines d'avions et desservir des dizaines de destinations, Virgin voulait d'abord être sûr que sa vision de ce que devait être une compagnie aérienne rencontrerait les attentes de ses futurs clients. Ils ont donc loué un avion et ont proposé une seule destination.

L'idée est que vous travaillez en conditions réelles, mais à très petite échelle, même si ce n'est pas très rentable.

MVP 4 : le concierge MVP

Il s'agit de commencer par faire une prestation sur mesure pour un seul client en espérant que d'autres clients achèteront le même produit plus tard une fois qu'il sera développé. Par exemple, si vous créez une formation sur le thème «techniques de développement de l'innovation sans risque pour les grands groupes», pour une entreprise en particulier, vous espérez que cette formation pourra intéresser d'autres entreprises. Le pari du concierge MVP est que votre premier client sera représentatif des autres et que si vous collez bien au profil des attentes de votre premier client, votre proposition correspondra bien aux attentes des clients suivants.

MVP 5 : le Flinstoning.

Le flinstoning consiste à donner l'impression au client que votre entreprise existe déjà et qu'elle fonctionne déjà à grande échelle. Je vais vous illustrer le flinstoning avec le créateur du premier site de vente de chaussures en ligne, qu'on appellera Nick. Un jour, Nick décide de vendre des chaussures sur internet plutôt que d'ouvrir une boutique. Qu'aurait dû faire Nick pour lancer son affaire ? Comme le seul avantage que pourrait avoir un site internet sur une boutique physique, c'est la quantité de modèles proposés, il lui faudrait chercher les fonds nécessaires pour stocker des milliers de chaussures de toutes marques, programmer un site de vente en ligne, le faire connaître, bref : cela coûterait une fortune colossale pour une personne seule. Et comme le pari est risqué, difficile de trouver une banque ou un investisseur qui suive.

Alors Nick va s'y prendre autrement. Il va programmer une boutique en ligne pour tester deux hypothèses commerciales :

1) les gens sont prêts à acheter des chaussures en ligne. Ce n'est qu'une hypothèse à ce moment-là, car à l'époque, personne ne sait si ce sera le cas ou non.
2) une fois les chaussures achetées, les gens retournent peu les chaussures.

Nick va aller voir toutes les boutiques de chaussures de son quartier et va proposer aux gérants de leur acheter massivement des chaussures (à ce stade, il ment un peu, car il ne sait pas si cela va marcher). En échange, les gérants acceptent de le laisser prendre leurs chaussures en photo. Nick crée le site de chaussures en ligne dont l'aspect et le fonctionnement sont identiques à celui d'une entreprise qui aurait des moyens financiers importants et des stocks de chaussures importants.

Il va faire du marketing web et attire des personnes sur son site. Il analyse ensuite la réaction des gens et, effectivement, cela marche, les gens achètent. Que fait Nick ? Il achète les chaussures commandées dans les boutiques de son quartier, les emballe, paye 8 € par paquet et les envoie. Et donc, à chaque paire vendue, il perd 8 € de frais d'envoi. Et plus il perd d'argent, plus il est content. Pourquoi ? Parce qu'il vient de prouver qu'il est possible de vendre des chaussures sur internet. Et Nick prouvera aussi sa deuxième hypothèse commerciale : les clients renvoient rarement les chaussures achetées en ligne.

Le MVP flinstoning consiste à donner l'impression à un client qu'il est face à une entreprise qui fonctionne sous sa forme définitive alors qu'en réalité, on est encore à un stade embryonnaire. La société de Nick, Zappos, sera rachetée par Amazon en 2009. Dans certains cas, il est tellement facile de créer le produit final qu'il n'y a même pas besoin de MVP. Ainsi, si vous décidez de créer un produit alimentaire il est extrêmement facile de le cuisiner chez vous, dans votre cuisine. De fait, quand le prototype ou le produit final est très simple à fabriquer ou à obtenir, ne vous embarrassez pas d'un MVP : vendez directement le produit. De même si vous vendez des prestations de service, un site internet qui présente votre prestation est suffisant pour matérialiser votre offre.

En conclusion, dans tous les cas, vous devez créer un MVP, car c'est le seul moyen de mettre un client face à seule responsabilité : sortir sa carte bancaire ou pas. En effet, faire une étude de marché qui consisterait à interroger des clients potentiels en leur demandant « seriez-vous intéressé si nous développions tel ou tel produit ou service ? » ne vous conduira nulle part et ne vous permettra pas de tester vos idées.

J'insiste : vous ne voulez pas savoir si les gens sont intéressés, vous voulez juste qu'ils payent. Le MVP a un rôle majeur, car il permet de rendre concret votre projet, produit ou service, aux yeux des clients, mais également aux yeux de partenaires potentiels qui pourraient vous aider.

La boucle de la logique procédurale : la clé pour réussir un projet de développement produit

La logique procédurale est une méthode de gestion des projets entrepreneuriaux et des projets de business développement qui diverge fortement avec la méthode causale classique. Si la logique procédurale évite de se projeter dans le futur et qu'elle nécessite d'aller directement sur le terrain, cela ne veut pas dire qu'il faut faire n'importe quoi. Il y a une méthodologie très structurée.

Contrairement à la logique causale, qui est linéaire : on vise un but donné, rationnel, et on cherche les moyens pour atteindre ce but de la façon la plus rectiligne possible, la logique procédurale est une logique cyclique dans laquelle chaque cycle doit être rationnel. Cela s'organise comme cela, en se plaçant du point de vue du chef de projet :

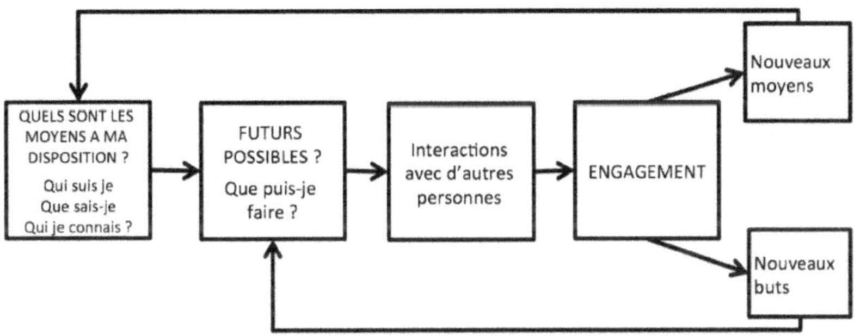

- Étape 1 : je définis les moyens à ma disposition : qui suis-je ? Qui je connais ? Qu'est-ce que je sais ? Listez moyens financiers, connaissances, compétences et réseau professionnel et personnel. N'allez pas chercher des moyens extérieurs : vous allez perdre du temps.

- Étape 2 : en fonction des moyens à votre disposition, imaginez un MVP compatible avec vos moyens (ce qui ne devrait pas être difficile) et fixez-vous des objectifs pour les trois semaines à venir. Je dis bien trois semaines : pas trois mois ni un an. En effet, avec un horizon aussi court, vous allez être obligé d'aller très vite. Parmi les objectifs que vous devez vous fixer, il faudra inclure la vente de votre produit ou votre solution même si ce n'est pour l'instant qu'un MVP. Étant donné le très faible coût pour avancer dans un projet, en particulier dans les étapes précoces, je vous recommande de vous lancer dans plusieurs futurs à la fois, parce que vous multipliez vos chances de générer de nouvelles opportunités.

- Étape 3 : allez sur le terrain et interagissez avec vos clients potentiels, mais aussi avec de potentiels partenaires qui pourraient vous aider : c'est une **obligation**. Les partenaires sont ceux qui pourraient avoir un intérêt à ce que vous réussissiez. Par exemple, vous vous lancez dans la fabrication de charcuterie fermentée à froid et les premiers charcutiers que vous rencontrez réalisent que ce saucisson, qui trouve son origine dans les Balkans, a des propriétés addictives : les gens en rachètent très régulièrement. Comme ils en vendent facilement, ils ont envie que vous réussissiez : ils peuvent devenir des partenaires et décider de vendre votre saucisson même si votre quantité de production est pour l'instant faible. Attention, quand je parle de partenaire qui vous aide, je veux dire par là qu'on vous apporte une aide gratuite ! Un fournisseur qu'on paye n'apporte pas d'aide, il fait juste une prestation payante.

- Étape 4 : vous devez trouver des partenaires en engageant vos interlocuteurs à vous aider d'une façon ou d'une autre. Vous devez avoir trouvé soit des clients prêts à payer, soit des partenaires qui veulent vous aider, soit les deux. Si vous y arrivez, l'aide apportée par les partenaires et par les clients vous permettra d'augmenter les moyens à votre disposition et cela vous permettra de vous fixer de nouveaux objectifs plus ambitieux : vous venez alors de revenir à l'étape 1.

Si au stade précoce du projet, vous n'arrivez pas à convaincre qui que ce soit à vous aider dans votre entreprise, tournez-vous vers des personnes en dehors de votre entreprise. Si vous ne trouvez toujours ni partenaire ni client prêt à payer il va falloir pivoter et changer d'idée.

En effet, quand un projet est précoce, s'il n'y a pas d'engagement, c'est la mort du projet. C'est cependant à nuancer. Au tout début d'un projet, au stade de l'idée, vous allez chercher des partenaires chez ceux qui, a priori, sont potentiellement les plus intéressés par votre idée. Si à ce stade-là, vous n'arrivez même pas à intéresser les plus passionnés, il n'y a aucune raison d'arriver à intéresser des cibles moins passionnées par le sujet et le projet est effectivement mort.

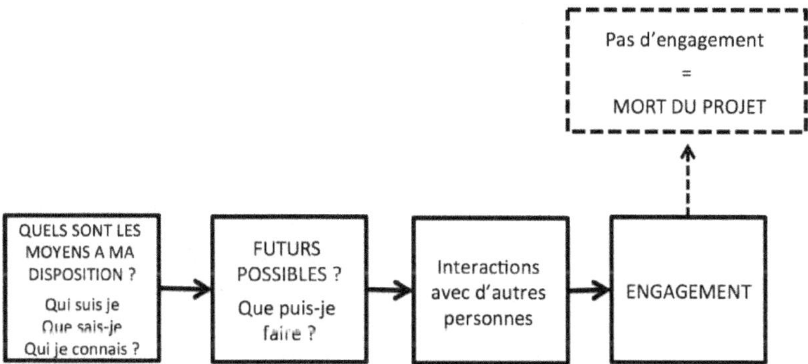

Par contre, plus vous allez faire de boucles procédurales, plus vous allez diminuer l'incertitude, vous aurez déjà engagé des parties prenantes. Vous devenez ainsi de plus en plus résistant au manque d'engagement.

Il n'existe qu'une seule bonne question pour savoir si un projet avance ou stagne

Comment savoir si votre projet avance ? Imaginons que je suive votre projet et que nous nous rencontrions tous les quinze jours. La question la plus naturelle est : « Qu'avez-vous fait dans les quinze derniers jours ? ». Et si vous avez bien et beaucoup travaillé, c'est que le projet a avancé, non ? En fait, cette question est une très mauvaise question. Pourquoi ? Parce qu'on a toujours fait quelque chose : au minimum, on brasse de l'air.

Pour savoir si le projet avance, la bonne question doit porter sur le point clé qui est le client qui accepte de payer ou le partenaire qui est prêt à perdre quelque chose pour que vous réussissiez. Ainsi, la seule bonne question est :

« Depuis la dernière fois, qui a fait quelque chose pour vous ? »

Vous pouvez aussi vous demander : « Depuis 15 jours, est-ce que j'ai trouvé de nouveaux clients ou est-ce que j'ai convaincu quelqu'un à faire quelque chose pour m'aider à avancer dans mon projet ? ». Et si personne n'a fait quelque chose pour vous, et que personne n'a acheté, c'est que le projet stagne.

L'enjeu de définir la bonne question n'est pas qu'un enjeu rhétorique, cela peut bouleverser la nature des actions sur le terrain. Si vous savez qu'on vous demandera « Qui a fait quelque chose pour vous depuis la dernière fois ? », cela vous oblige à aller sur le terrain, interagir et générer des opportunités (ou parfois aussi, perdre des opportunités). Mais en tout cas, cela vous oblige à vous sortir du confort douillet de la logique causale où vous travaillez dans votre coin sans vous confronter vraiment à la réalité. Arrêtez de rédiger des business plans, des documents, dossiers et mettez toute votre énergie sur la seule chose utile quand on veut développer un projet : **gagner de l'argent**.

En conclusion, travaillez toujours sur des choses qui ont un impact dans la réalité et interagissez avec des gens : ceux qui vont acheter vos produits, ou ceux susceptibles de vous apporter de l'aide pour vendre ou développer vos produits.

ORGANISEZ DES ATELIERS D'ANALYSE VIRTUELLE DE LA RÉALITÉ (AVIR) POUR CHAQUE PROJET DE DÉVELOPPEMENT

Chaque nouvelle idée qui pourrait aboutir à une innovation est une hypothèse de départ qu'il va falloir tester. Parfois, l'échec de certains projets est dû non pas à l'idée elle-même, mais à sa mise en œuvre. Il est possible d'anticiper les problèmes que peut rencontrer le client dans l'utilisation d'une innovation avant même de lui proposer le produit ou le service. : dans des ateliers d'analyse virtuelle de la réalité. Le principe est le suivant : une personne mène l'atelier et va jouer le rôle de la réalité. Il prendra le rôle du client pressé difficile à satisfaire. Le meneur n'a pas d'avis : il pose des questions sur des choses qui le gênent et c'est aux participants de trouver des solutions. Les participants à un atelier AViR ont pour objectif de défendre l'idée de l'innovation qui a été imaginée.

Je vais prendre un exemple caricatural pour bien expliquer l'état d'esprit :
Imaginons qu'une personne affirme « si les voitures avaient seulement trois roues à la place de 4, deux à l'arrière et une devant, au milieu : par contre, on garderait la forme d'une voiture traditionnelle : ce serait mieux, car il y aurait moins de frottement sur le sol. »
Bien entendu, avec un minimum de bon sens pratique, on a envie de dire : « n'importe quoi, cela n'a aucun sens, cela ne tiendra pas la route ! », mais cela risque de devenir une discussion de café du commerce où tout le monde veut avoir raison.
La personne qui mène l'atelier décrit le client en train d'utiliser le produit, il le présente en disant je et pose des questions, par exemple :
 – Imaginons, je pars en voyage et je suis sur de petites routes de montagne. Je suis en descente, la voiture ne risque-t-elle pas de basculer dans le ravin tout proche ?

Évidemment, je raccourcis un peu le processus d'un atelier AViR qui peut durer plusieurs heures. Mais si de tels ateliers avaient été menés, la voiture Reliant Robin à trois roues n'aurait jamais vu le jour dans les années 50. En effet, si la Reliant Robin est très discutable sur son design, sa tenue de route était absolument catastrophique :

Avec son unique roue avant, la moindre bourrasque ou le moindre virage pris un peu trop vite conduit au retournement ou au basculement de la voiture.

J'ai mené de nombreux ateliers de ce type et ces ateliers AViR ont pour avantage de faire évoluer la réflexion d'une équipe entière extrêmement vite, ce qui permet de réajuster ou modifier sa stratégie avant de commencer à perdre de l'argent pour rien. Bien menés, avec un meneur de l'atelier qui parvient à ne pas intervenir, mais seulement à poser des questions, vous avez un moyen rapide pour faire progresser très rapidement vos projets et vos idées innovantes, sans prendre le moindre risque financier.

Le développement produit correctement mené devient de plus en plus indispensable mais il y a beaucoup d'erreurs.

Être à la pointe de l'innovation est un défi pour la majorité des entreprises ayant déjà du succès. De nombreux obstacles viennent empêcher les entreprises d'innover, et clairement, ce n'est pas un problème de budget, c'est une combinaison de problèmes psychologiques, organisationnels et souvent de lacunes dans la segmentation stratégique correcte de l'entreprise.

Il est nécessaire de créer une structure interne qui aide à l'innovation. Les personnes les plus critiques diront que cela ne marche pas : cela ne marche pas quand c'est mal fait, cela marche quand c'est bien fait.

Cette structure interne doit se former à des techniques spécifiques au développement de l'innovation, et cette structure doit avoir l'autonomie suffisante pour prendre des décisions sans avoir à en référer à une hiérarchie souvent frileuse et aux priorités à court terme. Elle doit permettre la création d'équipes transdisciplinaires temporaires en fonction des projets. Elle doit pouvoir faire intervenir n'importe quel employé de n'importe quel service si c'est nécessaire.

Une fois lancée avec les bonnes règles du jeu, une structure interne pour développer l'innovation peut être efficace, faut-il encore le faire correctement en ne tombant pas dans les pièges classiques.

METTEZ EN PLACE UNE CULTURE DU DÉVELOPPEMENT PRODUIT

Il existe de nombreux freins internes à l'innovation : les contradictions dans le business modèle, les objectifs à court terme et d'autres raisons encore, que nous avons vus précédemment. Puisque l'environnement de l'entreprise constitue en lui-même un obstacle à l'innovation, comment mettre en place une structure interne qui permettra d'innover ?

Je vois déjà certaines personnes sourirent : on sait déjà que mettre en place une structure interne dédiée à l'innovation ne marche pas ! Le problème est que les entreprises qui ont échoué dans la mise en place d'une structure interne dédiée à l'innovation l'ont fait avec la mauvaise logique.

Pour mettre en place une structure interne d'innovation dont on ne signe pas l'arrêt de mort avant même son lancement, voilà un minimum de règles à suivre :

1— Ne mettez pas à la tête de cette structure un ancien de votre entreprise : soit vous recrutez, soit vous faites appel à un consultant : il est nécessaire d'avoir un œil neuf et extérieur. Personnellement, si j'étais chargé d'un tel service, mon état d'esprit serait : comment puis-je développer des innovations qui vont mettre au tapis les activités existantes de l'entreprise ? Car l'innovation est là pour vous permettre de croître quand vos activités historiques commencent à stagner.

2— isolez géographiquement les personnes qui vont innover : à la machine à café, ces personnes ne doivent pas croiser les 60 % de personnes toxiques qui travaillent dans les activités habituelles et qui feront tout pour les décourager de faire quoi que ce soit. Changez même éventuellement de bâtiment, de quartier ou de ville.

3— ne demandez aucun document écrit et ne demandez pas des chiffres.

4— imposez l'utilisation de la logique procédurale, ou effectuation, pour la façon dont doivent être menés les projets. Si vous n'avez pas cette compétence, formez les personnes et faites-les accompagner d'un spécialiste.

5— n'imposez aucune rentabilité au départ, sinon, vous ne verrez rien d'intéressant émerger

6— acceptez des innovations qui représentent de tout petits marchés de niche, car c'est souvent comme cela que commencent de grands succès.

7— ne limitez pas l'activité du service innovation à la recherche de grandes innovations technologiques radicales : laissez-leur la liberté de créer de nombreuses petites innovations. En effet, l'innovation est souvent un terrain d'expérimentation qui nécessite de cumuler de petites innovations pour arriver à quelque chose de plus intéressant.

8— ne fixez pas de budget à l'avance pour chaque projet : le budget devra varier en fonction des besoins et aléas rencontrés, et la logique devra toujours être de travailler avec le minimum d'argent possible. Les premières étapes de tous les projets innovants doivent être envisagées comme de l'innovation frugale.

9— Mettez les autres employées de votre entreprise à la disponibilité du service innovation : si les responsables innovation ont besoin ou veulent faire intervenir des employés de votre entreprise, accordez 20 % de temps libre à ces personnes pour qu'ils puissent aider le service innovation.

10— dernière règle : donnez un très grand pouvoir de décision à la personne responsable de l'innovation, et placez-la très haut dans la hiérarchie, y compris au-dessus des responsables d'unités opérationnelles historiques. Ainsi, quand le responsable innovation aura besoin d'aide ou besoin des compétences de la part d'autres unités opérationnelles, il sera plus difficile à ces unités opérationnelles de refuser leur aide. Cela permettra de faire avancer les projets innovants très vite et à budget très réduit. Cette dernière règle est très importante et elle va être à l'origine d'innovations nées de la contrainte financière. Évidemment, la logique procédurale vous sera là aussi utile.

En conclusion, il est difficile de mettre en place une structure interne à l'entreprise pour générer de l'innovation et qui fonctionne, mais c'est faisable. Respectez bien les principes que nous venons de voir et faites de préférence appel à une personne extérieure si vous en avez les moyens car vous risquez sinon de désigner des personnes qui dupliqueront le mode de fonctionnement habituel de votre entreprise.

LE RÔLE INDISPENSABLE DE L'ACCOMPAGNEMENT EXTERNE

Le rôle de l'accompagnement dans le processus de développement utilisant la logique procédurale est important car si la logique procédurale a l'avantage de pouvoir aller très vite dans les projets, un dérapage technique sur la gestion du projet signe la mort instantanée des projets, même à forts potentiels, avec une particularité étonnante : ceux qui échouent dans le projet ont l'impression que c'était un choix et non un échec.

Cet aveuglement quasi-systématique des échecs liés à la sortie du cadre procédural (c'est très différent d'un pivot), est une particularité très étonnante de la logique procédurale. C'est à cause de cette particularité qu'il est recommandé de faire appel à une personne extérieure qui maîtrise bien la logique afin qu'elle accompagne les chefs de projet à prendre leur autonomie méthodologique.

6 CONCLUSION

En période de crise majeur, on peut résumer les axes à suivre de la façon suivante :

- Être actif sur les réseaux sociaux pour créer du lien avec des clients potentiels qui seront prêts à payer dans le futur
- Améliorer ses méthodes de vente, et en particulier ses méthodes de prospection et téléprospection
- Apprendre à utiliser des histoires de vente pour toucher l'émotionnel et se focaliser sur la peur et l'envie
- Optimiser le fonctionnement de son service client pour ne pas être submergé
- Focaliser une partie de son équipe commerciale sur son cœur de métier
- Apprendre à utiliser la logique procédurale indépendamment de son cœur de métier pour tester de nouveaux marchés et préparer les nouveaux axes de développement commercial

L'AUTEUR

Philippe Massol est docteur en science et après avoir passé un MBA, a travaillé dans un fonds d'investissement spécialisé dans l'innovation. Il a été conseiller en stratégie et forme aujourd'hui à la fois des étudiants de grandes écoles de commerce et des professionnels en entreprise sur les thématiques liées au développement d'affaires : communication d'entreprise, marketing stratégique, gestion de l'innovation, création de valeur, prospection, vente et gestion du service.

Philippe Massol est également le formateur francophone pour LinkedIn pour les thématiques liées au développement d'affaires : intrapreneuriat, entrepreneuriat, développement de l'innovation, vente et service client.

Philippe Massol aide à la mise en place de structures intrapreneuriales dans les PME et grandes entreprises dans le but de les rendre autonomes et autosuffisantes en créant un biotope intrapreneurial qui encourage à l'innovation et la création de valeur (décrit dans le chapitre précédent).

N'hésitez pas à me contacter si vous pensez que je peux vous aider
Vous pouvez le joindre facilement sur son compte LinkedIn :
https://www.linkedin.com/in/philippemassol/

Smart Albinos
business pratique
Finance
pour petite entreprise
LES FONDAMENTAUX
DR PHILIPPE MASSOL

Business Pratique
SmartAlbinos
ENTREPRENDRE
SANS ARGENT
SANS RISQUE
SANS ECHEC
DR PHILIPPE MASSOL

Smart Albinos
FINANCE
DCF
ACTUALISATION DES FLUX
ENFIN COMPRÉHENSIBLE
et technique d'actualisation
ajustée au risque (rDCF)
PHILIPPE MASSOL

COLLECTION BUSINESS PRATIQUE
ÉVALUER MOTIVER
COACHER UNE
ÉQUIPE DE VENTE
POUR PLUS DE
CHIFFRE D'AFFAIRES
LEADERSHIP COMMERCIAL ET KPI POUR RESPONSABLE COMMERCIAL,
CHEF DES VENTE, MANAGER COMMERCIAL ET CHEF D'ENTREPRISE
Smart Albinos
Dr Philippe Massol

PROSPECTION
COMMERCIALE
EN BtoB
TECHNIQUES POUR GAGNER DE NOUVEAUX CLIENTS
EN BtoB POUR PME OU TPE QUI VENDENT DES
PRODUITS OU SERVICES À PLUS DE 200€
Smart Albinos
Dr Philippe Massol

MARKETING
STRATÉGIQUE
OUTILS CLASSIQUES ET
MÉTHODES D'ANALYSE
ACCESSIBLES À TOUS
Les grands classiques de l'analyse, sans compromis, mais enfin
compréhensibles de tous. Utile pour tout chef de projet,
chef produit et tous les entrepreneurs.
Smart Albinos
Dr Philippe Massol

SMARTALBINOS
Dr Philippe Massol
EVOLUER DE
COMMERCIAL A
RESPONSABLE
DES VENTES
Smart Albinos

Analyse Financière
pour les allergiques
à la comptabilité
LA MÉTHODE D'ANALYSE FINANCIERE
FACILE À APPLIQUER
DR PHILIPPE MASSOL

COLLECTION BUSINESS PRATIQUE
DIRIGER UNE ÉQUIPE DE SERVICE A LA CLIENTÈLE
DIRIGER UN SERVICE CLIENT
Smart Albinos
Dr Philippe Massol

Smart Albinos
DR PHILIPPE MASSOL
MÊME LES POULES ONT DES IDÉES D'ENTREPRISE !
APPRENEZ COMMENT ABORDER LA CRÉATION D'ENTREPRISE DE LA BONNE MANIÈRE ET ARRÊTEZ DE CHERCHER DES IDÉES

AUTO-ENTREPRENEUR
SANS ARGENT
SANS RISQUE
SANS ECHEC

STORYTELLING
DE VENTE
DR PHILIPPE MASSOL
Smart Albinos

BUSINESS PRATIQUE
INTRApreneuriat
TRANSFORMEZ VOS EMPLOYES EN ENTREPRENEURS
QUI CREENT DE LA VALEUR POUR VOTRE ENTREPRISE
Dr PHILIPPE MASSOL
Smart Albinos

Smart Albinos
SERVICE CLIENT
LES PRINCIPES INCONTOURNABLES
PHILIPPE MASSOL

Smart Albinos
COMMENT CRÉER
UNE RELATION AGRÉABLE
AVEC VOS CLIENTS
POUR MIEUX VENDRE
guide de conversation à
l'usage des personnes en
contact avec des clients

Business Pratique
VENDRE
TECHNIQUES DE VENTE
8 ÉTAPES
Philippe Massol
Smart Albinos

Smart Albinos
COACH
DE VENTE
COACHEZ VOTRE ÉQUIPE COMMERCIALE

Smart Albinos
Création
d'entreprise
pour débutant
qui veut gagner
de l'argent
LES THÈMES
IMPORTANTS QUE
VOUS DEVEZ
CONNAÎTRE ET
COMPRENDRE AVANT
DE CRÉER VOTRE ENTREPRISE
Dr Philippe Massol

BUSINESS
MODEL
CANVAS
Dr Philippe Massol
Smart Albinos

Matériel protégé par le droit d'auteur
Smart Albinos
Négociation
(techniques)
LES PRINCIPES
INCONTOURNABLES
Matériel protégé par le droit d'auteur

Smart
Albinos
business pratique
Balanced
Scorecard
Tableau de Bord
prospectif
DR PHILIPPE MASSOL

VENTE
RÉPONDEZ
EFFICACEMENT AUX
OBJECTIONS DES
CLIENTS
Smart
Albinos
PHILIPPE MASSOL

Smart
Albinos
RÉDACTION
PROFESSIONNELLE
CE LIVRE VA CHANGER
VOTRE FAÇON DE RÉDIGER
EN MOINS D'UNE SEMAINE
DR PHILIPPE MASSOL